economics | 经济读物

新时代的物流经济

[日] 柴田悦子　佐伯阳介　冈田夕佳　饴野仁子◎著

凌宇◎译

中信出版社 · CHINACITICPRESS · 北京 ·

图书在版编目（CIP）数据

新时代的物流经济／（日）柴田悦子等著；凌宇译．—北京：中信出版社，2013.9（2016.1重印）
ISBN 978-7-5086-4066-2

Ⅰ.①新… Ⅱ.①柴… ②北… Ⅲ.①物资经济学－研究 Ⅳ.①F250

中国版本图书馆 CIP 数据核字（2013）第 128158 号

SHINJIDAI NO BUTSURYU KEIZAI WO KANGAERU
by SHIBATA Etsuko, SAEKI Yosuke, OKADA Yuka, AMENO Hiroko

Original Japanese edition published by SEIZANDO-SHOTEN PUBLISHING CO. ,LTD.
Chinese(in simplified character only) translation rights arranged with
SEIZANDO-SHOTEN PUBLISHING CO. ,LTD. through Bradon-Chinese Media Agency, Taipei.

新时代的物流经济

著　　者：［日］柴田悦子　佐伯阳介　冈田夕佳　饴野仁子
译　　者：凌宇
策划推广：中信出版社（China CITIC Press）
出版发行：中信出版集团股份有限公司
（北京市朝阳区惠新东街甲 4 号富盛大厦 2 座　邮编　100029）
（CITIC Publishing Group）
承 印 者：北京画中画印刷有限公司

开　　本：880mm×1230mm　1/32　　印　　张：6.5　　字　　数：119 千字
版　　次：2013 年 9 月第 1 版　　印　　次：2016 年 1 月第 2 次印刷
广告经营许可证：京朝工商广字第 8087 号
京权图字：01－2011－5548
书　　号：ISBN 978-7-5086-4066-2/F·2944
定　　价：28.00 元

目录
CONTENT

第四章 物流环境

第五章 交通运输的政策调控

前言
PREFACE

人类生活中，“物流”是必不可少的。在没有火车和汽车的时代，“物流”是依靠畜力和人力，越过高山和峡谷运送物品。就像将生活中不可缺少的贵重的“盐”从糸鱼川运到信州松本的山区道路被称为“盐路”，将日本海的鱼运到京都的道路被称为“青花鱼路”，现今仍可循故道来追思古人。这样的“物流”在各个时代里运送着人类生活的必需品，这就是物流的基础。

时代在改变，大量商品得以生产和消费。在流通市场实现了国际化的今天，“物流”具有支撑经济活动的动脉功能，发挥着重要的作用。海运、铁路、汽车、航空在技术上高度发展，通过地球上构建起来的交通运输网，“物流”贯通全球，成为经济活动的一部分。

进入21世纪后，经济活动进一步全球化。中国、印度等亚洲各国的经济取得了举世瞩目的发展，在本国经济繁荣的同时，其影响力也以亚洲为中心扩展到政治舞台。例如，TAC（东南亚友好合作条约）原本是东盟各国缔结的条约，邀请了东盟区域外的国家参加，2007年发展为包括日本在内的24个国家加盟

的共同体。该条约规定互不干涉内政，和平解决纠纷，体现的是一个以和平为目的的共同体。它让我们铭记，物流活动的全球化正是在这一政治背景下发展起来的。

目前，物流已经渗透到经济活动的各个领域，物流的作用举足轻重。商品流通、市场营销、企业物流等物流领域持续扩大的同时，物流活动的组织者、实际参与者的作用却没有得到相应的重视和发挥，这一趋势不容忽视。

本书从发展“物流”的交通运输的角度论述了“物流经济论”。

第一章从历史的角度考察了物流发展的基础，从交通运输的特点论述了物流理论的基础。第二章论述了流通系统发展变化前提下物流的发展情况，以及近年来迅速扩大的物流 SCM。第三章将物流产业的情况分为国际、国内和枢纽站点，并简要地加以介绍。第四章介绍了物流环境中与物流相关的环境问题、公害、事故。第五章介绍了政策调控对于交通运输部门的影响。第六章分析了目前东亚物流的课题，论述了全球化过程中日本的物流系统。附录中，围绕近年来广受关注的超级枢纽港，介绍了关于港口政策的思考。

本书中，名城大学的三名年轻研究人员参加了本书的修订工作。近年来，经济瞬息万变，物流也一样，很难应对现在的情况。在完成这一理论的同时，情况还在变化。物流经济是刻不容缓的研究领域，也是适合年轻研究人员的研究领域，今后希望更多的研究人员参与到物流研究领域中。

柴田悦子

[执笔]

柴田悦子　第一章

第二章Ⅱ

第三章Ⅰ，Ⅱ-1，Ⅲ-1

第四章

第五章

附录

佐伯阳介　第二章Ⅰ

冈田夕佳　第三章Ⅱ-2，Ⅱ-3　Ⅲ-2

饴野仁子　第六章

第一章

物流和运输业

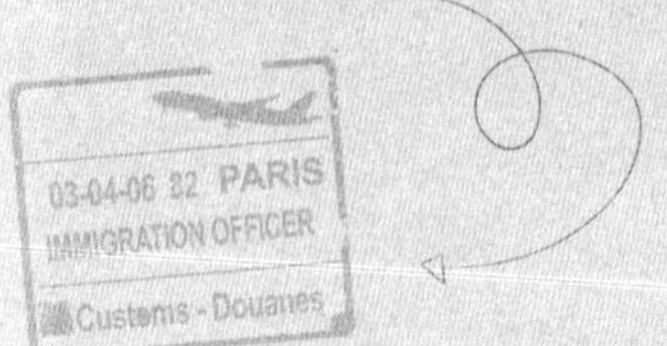
03-04-06 82 PARIS
IMMIGRATION OFFICER
Customs - Douanes

一、战后经济活动流程中的物流

商品的生产、流通和消费的各个环节中，物流是必不可少的。物流的原型主要是运输、装卸、保存，但是经济的发展和变化扩大了物流的范围，信息活动也成为物流的主角。未来经济的发展一定会给物流带来各种影响，包括物流模式、物流技术、物流系统和物流业都将带来许多变化。

在本节中，根据日本经济活动中经济高速成长期（这个时期开始关注物流）之后的经济趋势，阐明物流的变化。

（一）经济高速成长期（1955～1973年）

在经济高速成长期，物流成为日本经济发展的一个瓶颈，迫切需要进行改善。经济高速成长期的第一个阶段是神武、岩户、东京奥运会带来的繁荣，以钢铁、水泥、石油产品、铝、发电机、电视、家电等为生产中心，经济持续增长；第二个阶段是以家用轿车为首的卡车等运输机械的生产数量的迅速增长，

1968年，日本的GNP（国民生产总值）超过联邦德国，成为仅次于美国的经济大国。

成长为强大的重工业国家面临的第一个课题是，大量原材料的进口以及向美国等世界各国出口的热潮。面临的第二个课题是，通过持久的出口顺差，应对日美贸易摩擦。这些政治舞台上的课题，如今已卷入贸易自由化的谈判，且矛盾还在日益扩大。面临的第三个课题是，战后的工业公害集中在这一时期，所谓的四大公害（熊本氮素水俣病、神冈矿山痛风病、新潟米糠油病、四日市石油化工总厂哮喘）经过十几年的诉讼，最终判决是被告承担法律责任。

在这种经济高速发展的背景下，物流基础和发展很落后，因此日本开始建设和扩建外贸码头，以应对急剧增长的进出口货物。“港口扩建5年计划”于1962年开始实行，在第三个5年计划之后，未满5年就缩短了时间，更新了计划。

在日本国内，煤、石油等货物通过国内航运和海运来运送。卡车运输的需求增加，迫切需要快速修建公路。该阶段的物流政策是应对大量货物运输，重点是修建道路和港口等物流基础设施。

（二）石油危机——转为高科技产业（1974~1982年）

1971年开始实施“尼克松冲击”中的浮动汇率制度，给出口行业带来了巨大影响。日元升值引起的贸易收支明显日益恶化。1973年石油危机后，日本经济陷入战后第一次大规模恐慌

（1974～1975年），但短期内就恢复了正常。当时的田中角荣内阁实施了“日本列岛改造论”，加大了公共投资。结果，由土地投机热潮形成的“土地暴发户”与由于继承税而不得不放弃祖先土地的“民众”之间产生了巨大差距。

该时期还发生了两次石油危机（1973年和1978年），加剧了以生活必需品为中心的“囤货”，引起了经济不景气时的物价上涨（滞胀）、通货膨胀。糖、面粉、卫生纸等在市场上消失，民众生活出现了混乱。但是港口地区的仓库、驳船中囤积的货物被民众发现了，媒体报道后，人们开始知道这是人为制造的“商品不足”。石油危机之后，原油价格大幅上扬，对日本经济造成了重大打击。商店橱窗里虽然有“囤货”，但是其价格都在大幅上涨。

这一时期，日本的产业结构转型令人瞩目，从重工业、化工业转向高科技产业。半导体、IC、机器人产业规模扩大，工厂自动化得到发展，从原材料、部件到产品的工序系统化降低了成本，增强了企业实力。

这一阶段是日本物流快速发展的时期。受产业结构变化的影响，日本国内物流的主体从“重、厚、长、大型物流”转变为“轻、薄、短、小型物流”。国内运输主要由卡车承担，日本列岛的高速公路网得以建立。在国外海运方面，海上集装箱船被用于杂货运输，集装箱可以通过集装箱起重机快速完成复杂的装货卸货，这是革命性的技术创新。日本通过外贸码头公团快速推进了集装箱码头的建设和扩建，横滨港、神户港作为亚洲

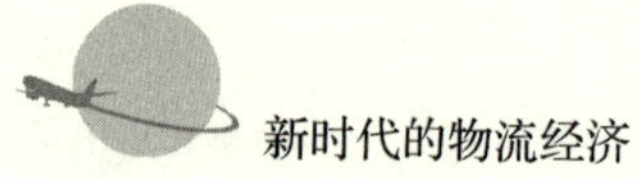

的主要港口，发挥了重要的作用。

物流的快速发展，使高速公路、港口等硬件设施得到优先修建，随之而来的物流产业很活跃，进而流通业的物流部门和制造业的物流部门进一步扩建，提高了效率。例如，超市、便利店、商场中导入的 POS 系统（Point of Sale System，销售即时信息管理系统），用扫描仪读取各个商品的编码，实现了处理现金的商品销售系统化。引入这一系统后，可以将销售时掌握的信息用于商品管理和库存管理，从而显著提高了销售效率。这一方式也应用于制造业的生产管理和高频率少量运输的物流，以及零库存打烊。这样，物流时间缩短了，以前被人们认为生产率低下的物流领域的技术创新得到了飞跃式发展。

（三）“经济大国”——泡沫经济（1983 ~1990 年）

石油危机后的日本，以工业产品为中心，成为出口大国。从金额基准来看，对美国的出口和进口的比例是 1.5∶1，对厄瓜多尔的出口和进口的比例是 2.5∶1，出口的持续走高变成政治问题。究其原因，是日元贬值趋势持续导致出口激增，加之以银行为中心的大企业对市场垄断的加剧，企业因此努力实现减量经营而造成的结果。这一时期各企业出现裁员、低工资、无偿加班等问题，向员工转嫁危机。

广场协议（1985 年）之后，日本出现了急剧的日元升值（最高点是 1995 年），短期内陷入了日元升值引起的萧条。政府下调了基准利率，但 1986 年进入繁荣期后，并没有改变这种不正常的低利息政策。股票、土地的投机引起了地价上涨，企业的投机活动（认股权证及可转换债券）使经济持续繁荣，陷入了泡沫经济时代。

20 世纪 80 年代后半期，政府进行政策调控，民营化得以发展。NTT（日本电信电话株式会社）成立（1985 年 4 月）、《劳动者派遣法》实施（1985 年 6 月）、国营铁路分割、民营化（1987 年 4 月）等，“从国营转为民营”的进程加快。以日美的牛肉、橙子进口自由化（1988 年 6 月）为代表，对美国做出的让步，使民众生活陷入窘境。

这一时期，道路、港口、水库等大型公共项目得以持续进行，港口修建不仅仅是五大港，地方港的建设也得到推进，集装箱港口数量急剧增加。物流界中，大幅放宽了卡车运输业规定的《物流二法》（1990 年实施）引起了显著变化。政策调控了以前按路线和区域划分的卡车业，提高了其自由度，使货物运输业能满足联合运输的要求。结果，卡车业投资剧增，竞争日趋激烈。

（四）泡沫经济破灭后的长期停滞（1991 ~2000 年）

20 世纪 90 年代，日本股票价格和地价暴跌，泡沫经济开始破灭，进入了长期停滞期，生产过剩恐慌的前兆越来越明显，企业不断破产（1991 年、1992 年连续超过一万家）。随着泡沫经济破灭，在杂乱无章的土地、股票投机中投入了大量资金的银行，瞬间坏账累积。面对这种长期不景气，政府采用的政策是大幅降低基准利率，大幅降低法人税，并继续对公共事业投入巨资。这些公共投资成为总承包商、大型建设业的利益温床，被称为“无用的公共投资”，受到了广泛批判。

1995 年，阪神发生了大地震。这一年，日本企业的国外生产额超过了出口额，大企业和中小企业外流增加。北海道拓银、山一证券等大型企业破产，“银行惜贷倒闭”持续发生，不景气日趋严重。1997 年，消费税提高到 5%，国民的消费行为锐减，失业率达到 4.7%，首次超过了美国（1999 年）。《大店法》的废除、女子劳动保护规定的范围缩小和取消等，以及政府的政策调控，确实给生活带来了很大的影响。

企业的海外转移使物流结构发生了巨大变化。一直处于激烈国际竞争的远洋航行海运在 20 世纪 70 年代以后，通过充分利用权宜轮（FOC 船，船籍转移到特定国家，从而避免国内法律的规定，雇佣国外的低薪船员，免除税负），保持了国际竞争力。

在 1995 年阪神大地震中受灾的神户港，将装卸货物转移到附近各港口，因此神户港重建后没有恢复以前的生机。虽然主张集装箱码头 365 天 24 小时开放，“港口仅仅是货物的中转点”的说法很有说服力。但是，从国外进口的蔬菜检测出了超标农药，冷冻食品里也检测出了农药，因此消费者强烈要求港口对进口食品进行安全检查。因为对“安心、安全”的进口食品的检查，港口应该发挥的作用开始受到广泛关注。

生产基地逐渐向海外转移，生产、加工、销售、运输分散在很多地区，所以部件和半成品运输呈现远距离化、复杂化。对转移到海外的企业而言，采购物流、工厂间物流、销售物流等所谓的物流成为核心的管理课题。进驻国外的企业和国内企业对物流的关注度都提高了，世界物流飞速发展。在整体经济衰退期，企业向海外转移的数量增加，是国内、国际物流变得活跃的主要原因。

（五）结构改革、新自由主义下的物流（2001 年之后）

2001 年上台的小泉内阁主张摆脱长期不景气的发展现状，将以前自民党持续推行的“通过公共事业创造需求”的方式，转为“通过结构改革刺激经济复苏”。小泉内阁最重点的政策是银行的坏账处理，在短期内处理了超过 30 兆日元的巨额坏账，以使经济复苏。其方法是实行“贷款剥离”政策（对于无法立即返还银行贷款的企业，将土地和建筑等担保物进行拍卖，强行收回），导致许多中小企业被迫破产、歇业，还有人为此自杀。另一方面，存款保险机构向坏账处理过程中放弃了债权的银行投入了总额 70 兆日元的公共资金。

日本经济在 2003 年开始好转，受中国经济快速发展的影响，中国开始大量购买日本的工业产品。经历了被称为“超过岩户景气的繁荣”的 2000 年繁荣，日本的大企业日益积累起巨额财富，与此同时，中小企业惧怕破产，普通民众的消费停滞不前，税额负担增加，民众生活并不富裕。以年轻一代为中心的自由职业者和网吧难民成为不容忽视的社会问题。

政府推进结构改革的支柱是民营化和政策调控。在新自由主义理念的指导下，政策调控是理所当然的，不过也导致了竞争激化，卡车、出租车行业尤为显著。由于市场参与的自由化，卡车业忙于应对由竞争引起的运费倾销、超载，以及因超速引起的事故频发。出租车也在城市里出现过剩，司机的到手工资下降到“生活保障标准”。竞争的激化导致忽略了运输的根本“安全”。

2002 年，由经济团体联合会和日本经济联合会合并的日本经济团体联合会奥田会长（丰田）发表了“奥田理想”，在政治上有了更多的话语权。日本的领头羊产业从汽车转变为信息产业（IT、宇宙产业）。日本经济团体联合会会长取代了御手洗富士夫（佳能），加强了财界在政界的话语权。

在持续的繁荣中，信息化时代的物流产业不得不大幅改变。2005 年发表的新“综合物流措施大纲”（上次是 2001 年）指出了今后物流应该推进的基本方向。其要点是：实现快速、无缝衔接、低廉的国内外一体的物流系统；实现“绿色物流”等环保型物流系统；实现重视需求的高效物流系统；实现支撑国民生活的安全、安心的物流系统。重视需求的物流系统中，国际竞争激烈，该系统可以将需要的物品在需要的时间内移动到需要的地点。实现了这一点，就构建起稳固的物流网，同时必须摸索和市场营销联动的物流方式。物流网的构建不仅只追求“速度”，而且要与环境、安全、安心协调共存，这一点在经济成熟的日本社会是至关重要的课题。

要了解这一课题，必须对航空、海运、卡车、铁路、港口、机场等物流相关产业进行具体论述。本书的各章会逐一具体分析。

二、交通运输的特点和物流

(一) 交通服务的特点及其生产要素

交通包括人的运输和货物运输，这一点是不言而喻的。两者都通过交通方式实现了地点间的移动。交通包括人的运输和财产运输，货物运输一般使用“运输”这一词语。本书中，对包括人和货物的运输，都使用“交通”这一词语；对于货物运输，使用“运输”这一词语。

物品生产中，除了采集业（渔业和矿业）、农业、工业之外，还存在第4个生产领域，这就是交通运输业。无论是运输人还是运输物品，交通运输业都由生产所需的三大要素构成，即运输对象、生产资料（船舶、卡车、火车等运输工具，运输工具行驶的道路和枢纽站点等）、劳动力（交通劳动者），这三者统一行动，可以进行交通服务生产。交通的产品是地点的移动。我们将交通的产品称为“交通服务”，以区别于其他一般产业中的产品。如果是一般产业的产品，则生产过程中的劳动对象（原材料）无论在模式上还是价值上，其质量都会发生变化。原料中的纱线和棉布、铁矿石的铁板和钢材，在生产过程中改变了模式，并在流通过程中产生了新的价值。但是，交通运输中的产品没有发生模式转变，只发生地点的移动，和劳动对象化的一般生产中的劳动对象不同，不仅仅是移动对象。

那么，价值如何呢？投入运输中的资本通过“生产过程（运输过程）”，给“运输对象（商品）”赋予了新的价值。石油从产地运输到消费地时，可以将运输所需的费用和利润包含在消费地的石油价格中。运输对象是人时，交通资本和商品运输时几乎一样，进行交通服务生产，但是价值不转移（也不能转移）到运输对象的人身上。通过交通移动位置的人支付运费，进行交通服务的消费。这一点和其他各项商品的最终消费是一样的。

商品进行生产中资本再生产一般是在生产中投入资本，购买劳动力和生产方式（劳动对象和生产资料）。生产过程中加新形态商品的新价值，在流通过程中转化为货币。

交通运输的资本再生产时，“在生产过程中生产出来，质量上已经完成模式转变的商品”是不存在的。需要通过地点移动，也就是生产过程（移动过程），得到销售，转化为资本。

在运输中，生产过程（移动过程）只是使移动对象实现地点的移动，而过程中不得发生重量和形态的变化。需要努力使人和商品在移动过程中都不发生变化，提高运输服务的质量。有时会预测运输需要的天数来发货和装船（果实和鲜花的运输就是这样的例子），这是运输的衍生问题，并不会改变之前提到的交通生产的特点。

以地点移动为目的的交通生产的产品（交通服务）消费，是和移动同时进行的。生产和消费的同时性是交通服务生产的特点，消费中未出现交通服务生产是不可能的。这是移动过程的生产、销售、消费，是理所当然的。在运输中，不存在脱离生产过程的产品。脱离生产过程，独立于时间和空间的消费是不可能的，也就是说，交通服务是即时商品。

交通服务和“如果没有消费就没有生产，消费数量规定了生产数量”的一般财产生产具有不同结构。在上下班高峰时，即使产生了大幅超出运输能力的消费需求，也不可能进行超过最大限度运输能力的运输。同时，白天冷清时，需求大幅低于运输能力时，增大运行间隔，减少运行车辆，对供应方的运输能力进行调节，可以实现和消费相同量的交通服务生产。

交通服务生产过程是一个移动过程。产品的交通服务是即时商品，表明它是不可能储藏的产品。如果是在生产过程中出现产品，可以脱离过程而存在的物质财产生产，那么则可以储藏，从而调节市场供需。反之，交通服务生产不得不掌握需求主导型的市场结构，具有交通服务的非储藏性特点。

即时商品的交通服务消费，通过和运输方式一起移动，开始变为可行。和物质财产生产一样，确认产品之后不可能购买和消费。购买交通服务的消费者，是在考虑到“交通服务的生产过程（移动过程）”，在没有任何事故和麻烦的情况下可以消费，所以才进行购买的。但现实是可能会购买到有缺陷的交通服务，由于雪、雾或线路事故没有按时到达的新干线、陷入交通堵塞而缓慢行驶的公交车和出租车，以及交通事故等，这些明显是缺陷商品。一般商品可以退换或是进行赔偿，但是地点

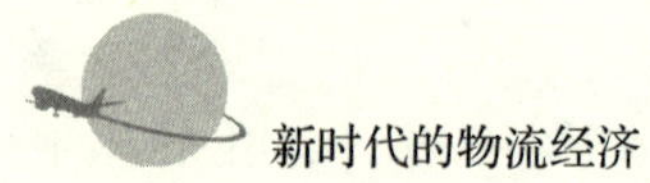

移动这一无形商品却无法进行商品交易的退换货。由于延迟到达目的地，可能会退还一部分车费（如果是新干线，则适用于两小时以上的延迟）。购买交通服务之前，很难预测到事故和延迟，一旦可以预测（例如，台风信息等），交通服务生产则会中断。

海上交通和海上保险一起发展，也可以根据上述交通服务的特点考虑海上交通的发展。

（二）交通服务生产的特点

如上所述，交通服务生产中，不存在严格意义上的劳动对象，而是采取了移动对象的形式。对于商品生产中的资本，即劳动对象 = 原料，必须购买，但在交通服务生产中，则免除了投入原料的资本，需要的只是对移动运输工具的燃料等辅助原料进行投资。但是，作为移动对象的人或商品，是和交通运输资本完全无关的第三者。对于运输资本来说，在自己的生产过程中加入了不具有自由裁量权的第三者，这就是交通服务生产的制约条件。

交通服务生产中的劳动方法不同于商品生产，具有明显的特征。也就是说，运输工具和道路都是必不可少的，两者的整合实现了交通服务生产。

运输工具相当于一般生产中的机器，包括火车、电车、汽车、船舶、飞机等。运输工具中内置动力，能独立行驶，也有受机车牵引的货车和客车，或是电车等，运行形态不固定。

运输工具行驶必须要有道路，包括火车、电车行驶的轨道，汽车行驶的道路。船舶、飞机使用的是大海和天空，所以不需要投资建设道路。但是，船舶、飞机的出发和到达需要港口和机场等枢纽站点。疏浚港口水路，一般要建造船舶航道，不过这只是船的通道。也就是说，交通中的生产资料具有运输工具和道路的双重性，道路可以从行驶道路和枢纽站点进行考察。

运输工具和道路的技术性统一是交通生产中必不可少的要素。大型集装箱船和大型油轮到岸装卸时，需要有与之配套的设备和港口。喷气式客机的着陆和起飞也一样，如果两者的技术性统一失去平衡，则会发生事故。

在交通资本中，无法避免对运输工具的投资，而道路投资的负担，除了铁路之外，都是由社会承担的。道路、港口、机场等作为普通生产资料，是由国家、地方省市以及公共团体、第三部门进行建设的。各种交通资本不对"作为自我生产不可或缺的生产资料的一部分道路"进行直接投资，而只是作为道路、机场、港口的使用者来支付费用。除了高速公路、汽车专用道路之外，道路都对很多使用者进行定位，不需要支付使用费。这样，对运输资本中的不变资本进行的投资仅限于移动方式，这有利于汽车运输业的发展。

民营铁路中的轨道依靠铁路资本投资进行建设和维修，这是汽车运输的发展结果，同时也是两者间竞争的结果，从而使免于道路投资的汽车确立了优势。在日本，长久以来铁路是国营铁路。转变为日本大型铁路公司集团（Japan Railways，JR）

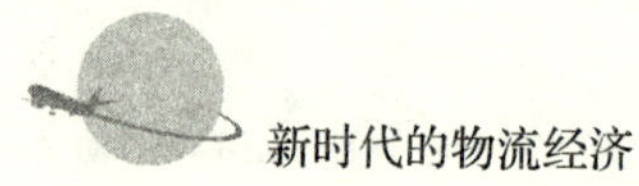

之后，地方交通线不进行核算，但民营铁路在收益高的城市周边进行经营。在日本，铁路与汽车之间的矛盾比欧美各国晚出现了几十年，在国营铁路民营化的过程中矛盾大范围出现了。究其根源，是与道路投资相关的两者的方式有所区别。

交通服务生产中，生产资料具有运输工具和道路的双重性，这和交通服务的生产单位的双重性联系在一起。也就是说，运输量以人数或吨数表示，运输距离必须以公里表示。一般用两者的乘积人×公里、吨×公里来表示生产单位。但是，虽然是吨×公里，但1吨×100公里和100公里×1吨之间存在无限数值，所以不能表示正确的生产单位。在运输统计中，运输量（吨×人）和乘以距离的吨×公里、人×公里都用来表示这些生产单位，从而接近正确的表示。

交通服务的生产过程（移动过程），如果决定了移动距离和移动速度，就可以用时间来表示。也就是说，移动距离和移动速度保持固定时，交通服务的生产（消费）单位可以用时间表示。交通中的速度是交通服务生产的速度，相当于商品生产中机器的运转速度。

商品生产中的生产速度不是普通消费者关心的内容，但对于即时商品"交通服务生产"，一般乘客和货主可以用时间的形式掌握运输速度。交通方式的使用者在获悉移动时间后，选择适合自己的交通方式。速度很快的特急和新干线等需要支付特别费用，这等于使用者认可了交通中的时间价值。

作为使用至今的海空联运（Sea&Air）是国际物流方式之

一，日本发往欧洲的货物运输，改为更长距离经由美国运输的路线，通过海运跨越太平洋，到达美国西海岸后用空运。与全部使用空运相比，时间增加了，但运费减半。苏伊士运河和全海运相比，运费较高，但时间减少一半多。这是基于可以重新装载到不同交通方式的“定型化集装箱”的发展实现的。

对于交通服务的买方来说，速度是商品的质量条件之一。在更快的时间内，向可以移动更快的交通方式支付更高费用，是对更高服务质量的回报。从这一观点来看，由于道路拥挤引起的出租车等待时间附加费让人难以接受。这是在拥堵地区不延长行驶距离、避免计件报酬实际减少的出租车劳动者的要求下设定的。但是，在国外（新加坡等）采用的车费计算方式是：在乘客支付的车费中，以拥堵税的形式征收“进入拥堵地区而产生的额外费用”。

交通服务的特点除了速度以外，还有很多项。安全性、快捷性、正确性、规则性，是乘客运输时的必备条件。另外，货物运输时，正确性、安全性、规则性是必备条件。满足这些条件，加上交通方式本身的速度，车站、换乘、通道、楼梯、电梯等无障碍移动方式，简单易懂的向导指示、售票处和检票等的咨询、老人和残疾人的护理体制等辅助交通方式的修建，也是必不可少的。货物运输中，运输功能的配备、港口和机场等卡车枢纽站点、流通中心等的布局和修建条件，是决定运输特点的要素。近年来，服务的特点要求构建信息系统。

服务的买方通过数字和事实可以立即掌握这些交通服务的特

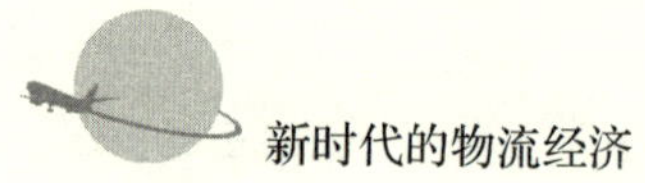

点的内容和程度。例如，即使进行产品区分（交通的情况下，仅限于其范围），但如果是“生产过程（移动过程）”的交通，则只能在短期内收到效果。从数量上把握质量，通过不合理的情况使买方的选择余地变小，这些都是交通企业竞争激化的原因。

交通特点的课题不仅以行驶的车辆为对象，而且车站内无障碍设施、向导标识等交通服务生产辅助手段也很重要。但是，在关于交通服务特点的竞争中，买方将重点放在服务部门，将交通服务特点中为确认安全而进行的检修和修建推迟，这一点成了一个问题。拥挤的缓和，即使交通资本不追加投资，也可以对交通服务作出实质性改善。通过实施错时上班，缓解上班高峰时的拥挤，提高交通服务的质量。其他通过法律手段进行的改善，却延长了交通企业的修建投资。

商品生产者通过对包括在商品市场上实现新剩余价值的资本再投资，进行资本的扩大再生产。个别资本重复进行再生产，从而使资本持续扩大再生产，总资本整体持续累积，构成经济发展的基础。交通资本方面也是这样的资本机制，其特点如下：

第一，交通市场总是存在交通的自我产品（私家车，在物流里是家用卡车）。无论它们是否生产和销售交通服务，都与提供服务并收取运费的交通企业形成竞争关系。制造商、货主选择使用自己的家用卡车或是营运卡车，卡车车主有时会腾出自家用的卡车，投入市场中。

第二，日本卡车业的企业规模比较小，所以劳动力成本比较高，资本积累比较慢。另外，日本航空企业和大型海运企业的规模虽然较大，但要和外国企业进行直接激烈竞争，所以在市场竞争中存留下来的已经不单纯是运费。受到各种服务竞争的影响，资本积累较慢。现今，运输工具（运输机器）的技术革新的速度很快，对更新运输载体的投资也给资本积累带来了很大的影响。

（三）交通运输中的一般生产资料

运输劳动中产生的“位置移动”这一具有效果的价值，和其他商品的价值形成一样，由有消费效用的生产要素（劳动力和生产方式）的价值，以及从事运输业的劳动者的剩余劳动创造的剩余价值所决定。铁路、汽车、海运、航空都是通过在运输过程中的劳动创造价值的。

同时，交通通道的枢纽站点有独立的生产区域，有助于价值创造的是以港口、机场的装卸为中心的劳动。

港口劳动是运输劳动的一部分，其劳动过程的内容包括运输对象的装卸、再整理、搬运、包装、临时保存、可移动设施的运行和调整等。可移动设施（运输工具）的行驶，和一般的交通劳动不同。陆上的货物站内或卡车枢纽站点内的各项劳动，其劳动过程的具体内容虽然和港口劳动非常类似，但陆上的各项劳动是一般运输劳动过程的一部分，不具有独立的经营母体。正如生产工厂内架设的工厂内部线路的轨道手推车和私有货车一样，它没有形成独立的运输劳动部门。港口进行的装卸劳动，不仅仅具有海上运输的补充作用。

港口劳动是“地点位置移动”这一有用效果生产过程的一部分。港口装卸和保存的各项劳动，使运输对象商品形成某种有用效果的价值。此时，劳动对象（运输对象）中劳动没有实现对象化，因此商品的使用价值并未留下任何变化痕迹，这是交通服务生产的特点导致的，港口装卸和保存货物的各项劳动也不例外。由于以上原因，港口劳动作为交通劳动的一部分，被视为生产性劳动。

道路、港口、机场等构成交通资本的生产方式的一部分，是交通资本的生产活动中必不可少的。然而，其建设需要巨额投资，除了一部分私营铁路资本之外，通过“公共资本（国家或地方自治体资金）”进行建设。近年来，通过引入民间力量，民间资本进入投资中。

港口、铁路、公路、机场等，和工业用地、工业用水都被称为“社会资本”或“公共资本”，属于一般性生产资料。

港口劳动包括装卸、保存、包装、再加工等各项劳动。其需要的生产资料是包括集装箱起重机在内的各种起重机，移动式集装箱吊车和跨车等集装箱装卸必需的运输工具，叉车等装卸相关机器，集装箱场地、CFS（Container Freight Station）、码头库房、仓库、浅吃水码头、码头等对货物再整理、包装、保存的地方。这些枢纽站点设施和可移动设施，无论是直接海运资本的投资（集装箱码头），还是形成港口运输业的独立生产领域（公共码头），都是港口的服务生产不可或缺的设施。

港口设施具有大型设施，作为和装卸无直接关联的枢纽站点。防波堤、港域内航线、码头建造（近年来通过填海和挖掘土地建造港口）等，是海运资本必需的生产方式。在日本，使用码头、码头库房要支付规定的使用费，但是不必交纳枢纽站点各项设施整体的费用（例如，进港费等），这种做法招致了很多批评。（现在，日本征收的进港费不同于“为防止八大港的海洋污染，以达到环保的目的而征收的上述进港费”。）

港口、铁路、工业道路、飞机场、水库、工厂用排水设备、临海工业用地等一般生产资料，具有几个共同的特点，即地点的固定性、建设投资的巨额性和长期性、优先投资的不可避免性等。地点的固定性是指其总是与土地紧密结合，其开发和修建离不开土地所有者（地主）。目前，日本的港口建设和机场建设主要通过填海和人工岛进行，充分表明了上述一般生产资料的特点。这些一般生产资料受到船舶、飞机等运输工具的技术革新的影响，再次开发与之对应的新设备时，由于地点的固定性，往往遭遇很大困难。并且，随着产业结构、贸易结构的变化，装卸货物的外形和品种也发生了变化。在经济瞬息万变的今天，道路、港口、机场等一般生产资料的各项设施的消耗速度也越来越快。

三、运输的技术创新和物流

（一）运输工具和道路技术上的统一

综上所述，交通资本的生产形态和一般工业生产的差别在于：第一，它生产并销售“生产过程（移动过程）”，所以劳动对象化的原本劳动对象不存在，而是移动对象（旅客和货物）；第二，它的生产方式具有运输工具和通道的双重性。很多运输工具和动力机结合，构成运输移动对象的“可移动设施”（电车、公交车、卡车、出租车、船舶、飞机等），但有的则分为机车和货车/客车、拖车和卡车、拖航和驳船。

构成生产方式的第二个要素是，包括行驶道路（轨道和道路）和枢纽站点（机场、港口、堆场、车站等）的通道和运输工具达到技术性统一，从而进行良好的交通服务生产。大型船舶在狭窄的海峡航行，喷射机在较短的跑道离开或着陆，大型拖车在狭窄的道路上行驶，这些在技术上都没有达到统一。反之，如旧车在高速公路上行驶，在不平衡的同时也是有缺陷的生产形态。

实际上，道路的物理状态是行驶的可移动设施的规模和等级的制约条件。所以，交通技术发展中，运输工具（可移动设施）的技术革新总是优先。以前是从帆船到蒸汽船，近年来是从螺旋桨飞机到喷气式飞机，其他新干线和单轨轨车，M－0船、自动化船等，全都实现了动力机的革新，运输工具实现了一体化。可移动设施的技术进步，原本是为了快速、安全地克服移动空间限制。其中作为销售竞争的结果，像汽车那样吸引需求者的关注，所以目前“技术革新”的重点放在车体和装饰的时尚化上。通道的技术革新，普遍受到以上可移动设施的进步和发展的影响。高速汽车的出现促进了高速公路的建设，喷气式飞机的行驶路径随着跑道的延长而首次成为可能。20 世纪 70 年代，为了实现集装箱船的定航化，集装箱码头建设加速，在不定期船中，也在推进专用船化的过程中推进按物资区分的专用码头的建设。

但是，与之相反，通道的条件有时也会制约可移动设施。道路，即线路（单线和复线等）容量制约了通勤时的电车行驶量，站台长度制约了车辆加挂量。对于因为进入城市内的汽车超过道路容量而陷入混乱的城市交通，各国采取了不同的措施予以改善，比如，对进入城市中心的车辆征收拥堵税（新加坡），新建设大楼的停车场控制在 20 辆左右（伦敦市中心），根据星期几采用行驶车辆限号制（釜山和曼谷）。这是通过“固定设施（道路）”的容量无法对应“可移动设施（运输工具）”、避免城市交通混乱作出的尝试。根据各个技术发展阶段，引领道路技术进步的可移动设施，反过来受到道路条件的制约，妨碍运输工具自身的重量发展，因为交通运输是以移动为目的，总是不得不给第三者带来影响。被称为“外部不经济”的交通拥挤、拥堵、尾气排放、噪声、事故等外部条件，对交通技术发展带来很大影响。阪神大地震（1995 年 1 月）导致了道路的毁坏，道路容量急剧减少，但由于对私家车的限制没有跟上，给急救车、消防车的紧急运输带来了很大障碍。

可移动设施的技术革新使以前的运输工具变得陈旧，加快了其更新速度。和一般工业生产一样，这是资本主义生产技术发展的法则。集装箱船出现后（20 世纪 70 年代）的五六年内，

世界主要定期航线中的常规船几乎都被集装箱船替代，10年后，包括发展中国家的定期航线在内，世界远洋航行杂货运输的大部分都将由集装箱船完成。

相对于此，道路是固定设施，所以技术进步即使使其变得陈旧，也不能简单地更换。道路是行驶路，枢纽站点也是固定设施，属于需要大面积土地的社会物质资本。原本以技术统一为前提而进行的交通生产，由于以上可移动设施技术进步较快，和固定设施的道路特点，使其不平衡成为常态化，也成为工伤和交通事故的原因。

另外，社会物质资本，即基础设施（在交通方面是道路、高速公路、机场、铁路、港口、管道、其他运输设施）部分或全面作为社会资本而存在。这些计划的制订、建设、开发和现代化所需要的费用，在发达资本主义国家也有相当一部分实现了社会化。其原因是，这些物质社会资本需要超过私人资本投资能力的巨额投资，其回报需要很长时间。并且，物质社会资本的供应物（在交通中是运输服务），很多是私有资本共同使用，也有很多单独使用个别资本（特别是像道路、高速公路这样，多个消费者一起使用的形态）。从总资本的观点来看，这些物质社会资本能以稳定的最低价格确保个别资本生产活动所需要的商品和服务。

在以上原因中，交通的道路投资除了车辆和道路一体化经营的私营铁路和JR之外，计划、资金筹措、建设、技术开发以及维修，都委托给包括国家或私人资本在内的第三部门等相关机构。交通中可移动设施和固定设施的投资双重性，是使两者的技术统一变得更困难的原因。

（二）交通基础设施的陈旧化和过剩

技术发展的速度越快，新技术的淘汰速度就越快。在资本主义生产中，新的技术开发是垄断利润的源泉，使资本间竞争的激烈程度达到极限。在交通中，这一点也是一样的。但是作为交通基础设施，交通服务生产中必不可少的道路（行驶道路和枢纽站点）由政府和公共团体、公用事业公司以及地方自治体进行建设和整修，其资金很多都依靠国家财政和地方财政。这是由建设所需资金的巨额性，以及像道路、机场、港口这样有许多使用者的“公共性”导致的。

奥康纳（James O′conner）在其著作《现代国家的财政危机》中分析了美国 20 世纪 60 年代之后的补充性物质投资长期增长，导致州和地方预算的负担增多的现实情况。作者指出，其中导致物质社会资本投资扩大的原因是“生产的复合性和相互依存性加剧，垄断资本需要更多更好的物质资本”，此外是“基础设施项目以绝对数额日益扩大，增强了资本集约性和不可分割性”。其实例是波音 737 喷气式客机的很多飞机到达和起飞用的设施陈旧，不但需要将现有机场逐渐扩大，还需要建设全新设施。另一个案例是现代的巨型油轮，在美国东海岸和墨西哥沿岸需要建设水深较深的新港口。

这些激化了州和地方政府对于新的大型项目的招商竞争，

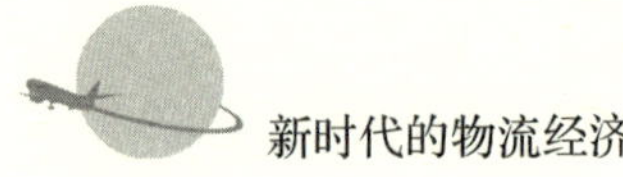

得到联邦政府的融资而建设起来的物质基础设施项目出现了供应过剩。

奥康纳所示的美国基础设施供应过剩，在日本各地也存在。其中的典型案例是填海产生的土地未得到使用而遭闲置。在很多事例中，这些填海造地的费用未能收回，导致地方的财政陷入危机。由于可移动设施的技术进步，基础设施本身的更新期间缩短，从而和可移动设施一样，加快了陈旧化。进入集装箱时代（20 世纪 70 年代）后，依次修建起来的集装箱码头，由于装载量达一万个的集装箱船和能够装载高大集装箱的大型集装箱船的出现而变得陈旧，要求建设水深 15 米以上、具有大型停车场和堆场、能放置大型起重机的码头。其中的一个例子是超级枢纽港建设的推进。

（三）物流系统的构建

从物流角度论述技术革新时，不能只依靠运输方式和道路（行驶道路、枢纽站点）的技术革新，必须实现物流流程的系统化，有效、顺畅地进行运营，这些软件方面的合理性追求是必不可少的。如航空方面的 Air NACCS（航空货物通关信息系统）、海运方面的 Sea NACCS（货物跟踪系统）等。信息化显著提高了物流效率，如作为物流系统化成功案例的宅急送，成为物流的润滑剂，最终实现了决定物流性质的信息化。

小型货物运输曾经由国营铁路和邮局负责，但国营铁路货物装卸站的撤并、出发站和到达站的收货、配送服务的不完善，以及到货日期的延迟等，使其难以继续服务。现在，宅急送控制了整个小型货物运输市场，使以前无法应对铁路小型货物运输的收货、配送、运输实现了系统化，为小型货物运输提供了完美的服务。

最早的宅急送服务始于1974年，石油危机后，日本苦于货物运输量减少，中型路线卡车运输公司“大和运输公司”开始提供宅急送服务。大和运输公司的“宅急送”打破了以往常规的运输服务，开拓了划时代服务，开拓了普通消费者的少量、不确定、不稳定的小型货物运输市场。宅急送服务的成功，和以前国营铁路的小型货物、邮局的邮政包裹完全不同，运输速度很快，能确定到达日期（次日或次次日到达），服务质量很高。并且，加强收集、递送服务的系统化，在消费者家附近的消费合作社、便利店、酒铺设置收货站，将手续费给这些店铺，从而使收货系统取得了成功。另外，它还采用了“电话预约上门取货”的服务，即使只有一个商品也会满足服务。同时，还导入了配送时间指定系统，避免了配送时收货人不在家的情况。

小型货物混载运输的瓶颈是，收集、递送、分类的枢纽站点的设置。集中的大量货物的分类作业耗费时间和人力，所以不可能顺利运输。其应对方法是在路线卡车运输的节点设置大规模的枢纽站点，引进高速自动分类机，在短时间内对大量货物进行分类。

宅急送市场不仅限于普通消费者，还扩大到以通信销售业为主的百货公司等大规模零售店的宅急送，以及零售店和批发

店之间的运输。同时，邮件快递也成功参与到邮政垄断的邮政市场。普通消费者的宅急送需求也不仅限于礼物，由于单身赴任、寄宿生、出外挣钱的劳动者增加，生活必需品的运输需求也急剧增加，这一划时代的运输系统取得了成功。

大和运输公司的宅急送市场起步一年之后，佐川急便、日本通运的“鹈鹕快递”、西浓运输的“袋鼠快递”，以及1976年“脚法”（日本运输中心）、“福津宅急送”（福山通运）也参与进来，物流市场展开了激烈的竞争。宅急送的需求也扩大到高尔夫、滑雪、自行车等物品。宅急送系统通过电脑加强对货物的跟踪、管理和安全运输。

原本以为宅急送市场会持续顺利发展，但随着市场的扩大，劳动力不足已成为一个瓶颈。卡车业是长时间、深夜、危险的劳动，是年轻劳动者不愿意从事的3K（险、脏、累）劳动。为追求运输效率，货主的时间规定很苛刻，如果由于道路堵塞和道路施工引起到达延误，卡车司机就会被处以罚金。卡车司机和枢纽站点的分类作业员不足，所以难以满足运输需求，由此司机工资上涨，使宅急送费用不得不上涨。

此时，参与宅急送的小规模卡车公司不得不撤出，快递市场中的中小规模公司数量减少，形成了以大和、日通、佐川急便等大型快递商家为中心的宅急送市场结构。但是，邮政包裹出现了，成为新的竞争者。邮政包裹通过“次日到达的包裹”、“家乡包裹”（和各生产地连接的快递系统）的开发和普及，成为宅急送强有力的竞争对手。宅急送运输的发展开始减慢，

1985年之后，邮政包裹的运输量每年增长15%～20%，这是在和民间企业的激烈竞争中，国营企业复苏、增长率超过民间企业的罕见事例。但是，2007年，邮政民营化带来的影响如何，将成为今后的一大课题。

如今是信息化社会。通过在物流领域中导入信息系统，显著提高了物流服务的质量。之前的宅急送参与到一部分货物运输市场，成功扩大了市场，这也是因为与信息系统相结合，构建了运输系统。

特别是国际物流，得到国际信息网络的支持后，可以实现合理化运输。国际信息网络形成的前提是通信网络、通信卫星等电子工程的发展。船舶公司为了控制自己拥有或使用的船舶的调度，提高使用率，利用信息技术，构建起国际海运信息系统。

货主（大型制造商、商社等）是当今国际物流的主角，但是当进驻海外的企业和分布在世界各地的部件、半成品制造商根据各个企业的生产计划结合起来时，起决定性作用的便是信息系统。所以，各公司单独设置了物流部门，成立了物流子公司，努力提高生产率。然而，关键是如何在生产管理中充分利用信息系统。近年来，信息化水平提高了，同时物流成本上升了，可以链接国际信息网络的主要是能够承受成本上涨的大型企业。

近年来，作为物流连接点的枢纽站（国际物流中是机场、港口，国内物流中是卡车枢纽站）的信息系统也发展迅速。在港口方面，海运业、船舶公司、重量和数量的检测商参与进来，使SHIPNETS运行起来，并在国际上将自己公司和其他公司的主机直接连接，根据大家认同的商务交易数据的标准，电脑间交换的 EDI（Electronic Data Interchange）构建起了国际物流的信息网络。

如今，在信息系统高度发达的阶段，要想在物流领域的市场竞争中占得先机，就要加入到信息网络中。其实例并不少，众所周知，美国航空业政策调控带来的市场竞争的结果是，通过电脑，利用信息网络的一方赢了。

1978 年，美国卡特总统签署实施的《航空自由化法》产生了与初期的“玫瑰色的未来”预想完全不同的结果。为促成法案而就任航空委员会长官卡恩助手的经济学家 M·S·卡汉说道：“政策调控在最初的两三年进展顺利。……竞争唤醒了旅客的需求，乘客人数增加，航空公司的利润上涨了。但是，竞争逐渐激化，各航空公司降低了机票价格，直至没有利润可言，进入了恶性竞争。决定这种恶性竞争胜败的是 CRS（Computer Reservation System）和 FFP（Frequent Flyer Program）这两种全新的变化，新加入的公司也没有适应这种变化。”

FFP 遵循市场需求，给予航空运费不同的价格，目的（商务或旅游）不同、预约时间不同、使用季节和时间不同，价格也不同。即使同一天的同一班次，运费也有差别。这种方式最大限度地提高了上座率，最大限度地提高了利润，形成了差别性的运费制度。CRS 即全国规模的电脑网络，实现了对这种复杂运费的设置。该系统是由旅行代理商运营的，但原先由大型航空公司开发，所以中小型新航空公司为了在其中加入自己公司的航行日程表，不得不支付高额的手续费，结果不得不从航空市场撤出。航空自由化后，1992 年之前，在破产法庭收到破产宣告的航空公司达到了 117 家（政策调控前的 1978 年只有 28 家）。结果，5 家大型航空公司的市场占有率在 1992 年之前由 1978 年的 68.8% 提高到了 79.7%。10 家大型航空公司达到 99.7%。

日本在 1995 年修改航空运费时，引入了复杂的运费差别制度。和美国不同，在狭小的国土内，国内航空需求不会大幅上涨。并且两家大型航空公司垄断了干线航路，其他航空公司很难参与到日本的航空市场。但是，在政策调控的过程中，旅游资本加入到母体的航空产业中，由于航空路线、到达和出发时间的原因处于严峻的情形。此时，信息系统化水平必定成为人力、物流部门的竞争焦点。

（四）实现了物流网络的 EDI

进入 2000 年后，信息通信技术快速发展普及，随着 EDI 的导入，物流部门的技术革新取得了飞速发展。以前使用电话、传真和邮政等进行的企业间信息交换，随着 EDI 的导入，交易的电子化摆脱了时间和距离的限制，实现了实时交易。这一过程中，“物品流程”和“信息流程”紧密联系，生产、流通、销售相关的一系列信息实现电子化，网络和系统内实现了信息共享。初期阶段的 EDI 构建主要是使用大型通用电脑的大企业独立系统，所以在高成本方面缺乏灵活性，和其他企业之间没

有实现电脑信息共享。

20世纪90年代之后，信息通信技术的发展解决了上述问题。随着技术革新后电脑的小型化，个人电脑和工作站的普及，大型企业、中小企业和个人都能以低成本共享信息，可以自由发送和接收信息。并且，通过互联网的普及，通信规格标准化的实现，可以与其他企业的系统相连接。

通过互联网购买部件和原材料时，可以连接国外的企业，并且可以在“需要的时间，根据需要将需要的物品”调配和运输到产品的消费市场。也就是构建SCM（Supply Chain Management）。通过SCM，正确进行企业的生产管理、库存管理，缩短物流部门的货运时间。

SCM可以跨越国界，实现实时的信息流通，将全球生产基地和销售点、购买点进行连接，还可以选择其中最合适的运输模式，所以SCM是全球化企业活动中必不可少的系统。

港口为了推进“进出口和港口、机场办理业务、系统优化计划”（2005年）的具体化，正在构建地方运输局等港口管理者的单一窗口。此外，通过提高货物跟踪系统的性能，从而确保国际运输市场的正确性和安全性。这种信息化快速发展的背景下，出现了港口百万级枢纽站点的百万级枢纽站点操作员。集装箱的搬运、装船、拆卸、所有手续和结算、为货主提供信息、开拓新顾客，以及可以能控制所有信息机器的百万级枢纽站点操作员的出现，改变了港口形象。问题是，无法应对高度信息化的许多港口相关企业，未来前景还不明朗。

第二章

流通系统的变化和物流

03-04-06 82 PARIS
IMMIGRATION OFFICER
Customs - Douanes

在资本主义以前的社会中，商业和运输是一体的。17世纪活跃在荷兰、英国的东印度公司，日本的北前船就是典型例子。分工的发展使商流和物流独立开来，使整个流通过程取得了发展。我们从其历史过程在流通系统中对物流的定位，分析其作用。

一、流通环境的变迁和流通业的多样化

(一) 日本流通环境的变迁

昭和20年代（1945~1954年）的日本从战后的混乱中恢复，忙于应对战后回国者的增多和出生率的增加引起的粮食紧张。通过配给制度进行物价管制，但由于朝鲜战争引发的军需繁荣，迅速使经济水平得以恢复。战后，在废墟上出现的黑市使经济恢复的情况消失，流通环境开始出现恢复的迹象，所以阶段性地取消了价格统管。

昭和30年代（1955~1964年）开始的经济高速发展，大幅改变了日本的流通环境。被称为“三种神器”（洗衣机、冰箱、

黑白电视）的家电产品在这一时期得到普及。日本生产率本部向美国派遣了高层管理人员专门观察团（1955 年），次年向美国派遣了市场营销专门观察团，从美国引入了适应新时代的管理方法，以及大量的商品销售方法。

并且，日本生产率本部于 1956 年向美国派遣流通技术专门观察团，着手构建日本的流通环境，此时引入了在流通功能中发挥重要作用的“物流”这一词汇。

这一时期，流通相关法律得以实施。1956 年实施《第二次百货商店法》，1959 年实施《零售商业特别措施法》，构建了零售业和流通环境。作为战后大型零售业的核心，明治时期出现的百货商店起到了推动流通业发展的作用。

1953 年，在东京青山出现的超市，使用现金支付系统，低利润，高周转率，24 小时营业，满足了忙碌的城市居民的消费需求，瞬间席卷全国。“流通革命”这一术语被频繁提及，流通的现代化得到快速发展。

1972 年，大荣公司取代之前营业额第一名的三越公司，成为第一名，之后延续了其超市的优势。

超市的发展大大改变了民众的消费生活，在全国各地都可以买到相同的商品。由此，不仅是耐用消费品，日常用品也附上了企业品牌，制造业认识到确保流通途径的重要性。在许多店里都有好几个厂家的产品同时陈列，由此使消费者能更好地比较和选择商品，使大型制造商能够大量生产和销售商品，同时也需要开发独特的商品。

1973年，中东战争引发了石油危机，日本的经济高速发展期结束了。此时，由于石油进口变得不稳定，所以民众急于购买生活用品，物价狂涨，消费者越来越关注价格。另外，这个时期社会化营销和生态营销的思想开始形成。

进入昭和50年代（1975～1984年）后，日本经济进入稳定增长期。受石油危机的影响，出现了“节能”、“减量经营”（Just In Time）等词汇，流通业也努力进行经营管理。1978年，第二次石油危机爆发，虽然原材料价格高涨，但是对消费者物价的影响被控制到了最低程度。不仅制造业，以超市为代表的大型零售业的大量流通，也发挥了很大作用。

但是，商业街等地区的零售业出现萧条。1974年，大型零售业实施了开店调控，大型商店的形势日益严峻。在这种调控下出现了新形态的零售业，即便利店。1973年，york7（之后的日本7-11）开业，1975年，大荣罗森开业，1978年，全家便利商店开业。

在这样的背景下，不仅大型商店的开店调控，就连消费者的生活方式也有很大变化。在昭和40年代后半期，90%的消费者已经具备“中流意识”，许多家电产品和汽车得到普及。由此，小家族化、夫妻双职工等情况变得普遍，长时间营业和休息日营业的便利店的营业形态受到大众欢迎。这样，便利店在瞬间快速增加，发展为目前代表零售业的形态。

同时，战后持续增长的零售业在1982年开始减少，其趋势到目前仍未停止。由于大型商店的开店调控而出现的便利店是

连锁店方式的经营形态，以特许经营的方式（总部企业和加盟企业之间签订合同，在同一品牌下转移商品销售等业务的权利，加盟企业支付一定报酬），覆盖了个人商店和小型零售业。

进入昭和60年代（1985～1988年）后，公共投资和住宅投资等内需依存型经济开始增长，也就是进入了“泡沫经济时代”。消费者面对大量商品，“消费多样化”得到了发展。但是，1990年，“泡沫经济破灭”引发了不景气，大大改变了人们的消费生活。不景气使消费者对价格敏感，因而出现了折扣商店。并且出现了被称为“制造商产品”的制造业品牌的商品，即私有品牌（PB）商品。超市和便利店通过委托制造业进行零售业品牌商品的开发，以低价格、高品质的商品，大受经历过“泡沫经济时期”的消费者的欢迎。

这种私有品牌商品，最初主要是食品和生活用品，后来发展为家电产品和电脑，极大改变了日本的流通形态。也就是说，出现了“由可以掌握消费行动的零售店向制造商提出商品开发建议的渠道”。

20世纪90年代初开始，大型超市和购物中心将大量店铺和大型停车场设在郊外的公路边，所以引发了城市商业设施的闲置。之前在百货商店销售的商品也出现在超市和折扣店里，加上一站式购物，使具备美食广场的大型零售店的销售得到了普及。

住宅区的零售店和商业街消失了，同时便利店顺利地在住宅区和车站前开设了店铺。但是，便利店间的竞争很激烈，店铺关闭和管理人员的更换也日益普遍。

(二) 20 世纪 90 年代之后流通业的变化

1. 流通业的变化和供应链管理

供应链管理（Supply Chain Management，简称 SCM）是指供应商、供应商品的制造商、批发商、零售商等流通渠道之间，公开各企业的信息，构建统一的数据库，从而进行整个流通过程的库存管理和物流管理。通过 SCM，可以实现所有信息的共享，制造商和批发商能准确掌握零售业得到的消费者信息，及时地进行商品开发、生产、流通，减少整个流通过程的成本，更快满足消费者的需求。

20 世纪 70 年代，日本在连锁店引入了销售时信息管理（Point of Sale，简称 POS）系统和附加价值通信网（Value Added Network，简称 VAN），进行销售信息的管理。由于超市和便利店等零售业急剧增加，通信技术的发展，不仅是流通渠道间的信息共享，还发展为具有更多功能的机制。促进信息系统发展的新销售方式，极大改变了以前的传统流通系统。

2. 制造商主导的流通战略变化

从 20 世纪 60 年代开始的家电热潮，使家电厂商出现在流通支配过程中，其方法是专卖店和折扣措施。各个家电厂商为实现专卖店的组织化，通过营业店，使批发业和零售业形成系列，确保自己公司产品的销路，扩大市场占有率，维持产品价格。但是，由于超市和家电量贩店的出现，制造商渐渐对流通支配失去了控制力。制造商通过改进系列零售店的流通措施来提高其销售力，同时不得不着重在大型量贩店进行交易，其最大的原因是大型量贩店拥有巨大的销售力。超市出现时，电视机从“一家一台”变为“一个房间一台”。平常习惯在超市购买商品的消费者，会在比较多个厂商的商品之后才购买，这成为了理所当然的消费行为。但是，对家电厂商来说，在大型量贩店进行的销售不一定能维持之前的优势。在大型量贩店进行的销售和之前的专卖店不同，消费者在看了商品的质量和价格之后选择商品。所以，依存于家电厂商企业品牌的销售方式是很困难的，降价竞争变得更加激烈。

但是，对于以扩大销售份额为最大目的的家电厂商来说，不能错过大型零售业的巨大销售力。加上生产量的扩大，需要确保更多销路的家电厂商，不得不将家电流通网置于大型量贩店中。

另外，近年来的通信销售，以及通过互联网实现的销售额扩大，对于家电厂商来说是新问题产生的原因。大型零售业不仅有店铺销售的优势，还具有价格和服务的竞争力，同时也着力于互联网销售。家电厂商很快发现了这种趋势动向，2000 年之后，索尼、松下公司很快通过互联网开展销售。

这种销售方法使之前的连锁店销售陷于窘境。不进行家电产品的维护，只是销售商品，这种没有和消费者建立起联系的销售方式，企业应该反省。

3. 大型零售业的流通战略

昭和 40 年代（1965 ~ 1974 年），快速发展的超市不仅对家电流通，也对各个领域的流通带来了很大影响。超市销售的商品中，很多都是在短时间内消费、原本是价格很低的商品。所以，为了扩大销售份额，超市开始扩大销售范围，食品、日用品、衣物等商品上架。大量采购所有商品，大量销售，低价销售，所以商业街的零售店急剧消失。制造商和批发业聚集起来，加大和超市的交易，大型零售业不仅注重销售份额，还快速提升在流通机构的支配力。

PB 商品的出现，进一步加强了超市的支配力。PB 商品是商业者直接企划、开发的商品。和制造商相比，对于直接掌握消费者动向的超市来说，应该开发和销售畅销商品。但是，超市毕竟是零售业，不具有生产能力，所以实际的商品生产委托给了已有的制造商。制造商可以销售所有作为 PB 商品生产的商品，所以在制造时加以特殊化，以低成本生产相同商品，并且没有封藏的危险。

但是，PB 商品的发展，使大型零售业有了流通支配权。之前作为国有品牌出现的许多厂商，都生产 PB 商品，不仅食品加工业和服装制造业，就连和家电产品一样进行连锁店销售的化妆品制造商，也开始生产 PB 商品。

超市开发了更低价格的商品，同时进行产品的直接进口和生产进口。由于制造业搬到亚洲各国，所以零售业从这些制造商处直接采购商品。

PB 商品的开发、生产基地设在亚洲各国，形成了从生产到销售的一条龙服务。在快速发展中受到关注的零售商优衣库

（Fast Retailing），在中国等国家设立生产基地，采取“生产—进口—销售”的一条龙管理体制，这是SCM的一个典型例子。

4. 大型零售业进入流通经营和物流领域而采取的措施

通过作为母体的超市和共同采购，便利店形成了个人商店不具备的商品结构。20世纪70年代后半期，通过整合供应商功能，进行共同配送，从而应对持续增加的店铺。此外，随着共同配送的发展，零售业也开始设置物流枢纽站点，内部出现了物流部门。便利店的出现，改变了之前的物流系统。

然后，POS系统等订单系统的快速覆盖，提高了商品的运输效率。和超市不同，便利店在店铺里不具有货物处理场和大型储存设施的功能。所以，为了总能将新商品展示出来，需要准备新的商品，尤其是食品等PB商品占据了很多销售额。在零售业中，即时生产系统物流（JIT物流）日益普遍。

进入20世纪90年代后，日本经济持续萧条，流通业中物流部门的成本问题日益受到重视。大型超市和便利店开始通过货物位置信息管理和企业内部通信网，进行高级别的物流管理。这个阶段，在特定地区开设分店的主力零售业，也聚集起来投入到物流部门的完善中来，物流的表现方式也日益普遍。

如上所述，大型零售业的快速发展大幅改变了流通。近年来，不仅是超市和便利店，连外卖行业也通过资本协作的方式开设外配流通。这些企业现在作为综合零售企业，实行了事业部制度，具有零售事业部、批发事业部、制造事业部等部门，开展了各种零售形态。大型零售业开始支配整个流通渠道。另外，随着零售业的日益壮大，PB 商品本身也具有品牌影响力，开始发展为具有很强竞争力的国有品牌，原有的制造商不得不和这些商品进行竞争。

这种变化改变了 SCM 的概念，原本为了在整个流通渠道共享信息，提高各渠道的效率，却变成了流通全局控制的方法。

二、物流和 SCM

（一）SCM 的含义

流通过程由商流和物流形成，随着时代的变化而发生演变。从 20 世纪末到 21 世纪，信息化的快速发展，SCM 改变了传统的物流方式。如前所述，SCM（供应链管理）是适应满足消费者需求的多品种少量生产系统的新型流通系统。通过在物流领域中的应用，SCM 改变了整个流通过程的结构。为了在市场上进行有效的生产和销售，避免浪费，必须进行市场营销。市场营销被定义为“企业和其他组织以全球为视野，和顾客取得相互理解，通过公平竞争进行的市场创新的综合活动”（美国市场营销协会的定义，1990 年），支持各个企业的活动。SCM 用超越企业界限的最有效的锁链进行连接，同时产生了生产销售网，这是着眼点不同于市场营销的系统。

捕捉消费者的消费行为，促进了优良信息仪器和信息管理系统的开发。例如，通过 POS 系统的构建，可以达到很高的准确度。信息网络将销售途径和生产途径加以连接。这里生产所需的原材料的多频率少量运输，产品市场的多频率少量运输必须得到适当控制。也就是说，从线的运输过渡为面的运输。

这样，物流领域就产生了导入 SCM 的必然性。

（二）物流革新的现状和问题

重新改进“具有悠久历史的、经多人制作而成的系统”，比在一张白纸上引进一个全新的领域面临着更多的困难。导入 SCM 的物流部门时，也面临了很多困难。

超越个别企业或连锁企业的界限，实现最合理、最有效的物流，是专业度很高的作业要求。完成这些要求的是 1990 年前后在美国出现的第三方物流（3PL）。也就是说，货主（制造商、批发商、零售商等）是第一方，进行实际运输的是第二方，而第三方是可以向货主提出物流系统建议的物流顾问，具有很强的专业性。

日本的 3PL 在 1990 年后半年开始发展起来。泡沫经济破灭后，被迫削减自己公司成本的货主企业，将间接部门委托外包，其中复杂的物流部门被独立出来。特别是制造商将其企业内的物流外包给专业物流公司，从而实现合理化。另外，大型量贩店为了应对国外直接进口和农产品直接销售等物流途径的复杂性和多样性，数量众多的便利店物流为了应对多品种、少量、高频率、24 小时配送等，都需要 3PL。但是，由于引进时间较短，所以 3PL 企业还有待发展。

3PL 的业务是构建新型系统，使运输部门（航空、铁路、卡车、海运）的调配，物流基地的仓库、商品管理、流通加工顺利进行，并为顾客提出物流建议。

日本的3PL厂商以卡车业（日通、大和等）、海运（邮船、商船三井等）、物流子公司（NEC物流、日立物流等）、代运人（近铁国际快递、邮船航空服务等）、商社（三井物产、住友商事等）和其他咨询为基础开展业务。预计今后该业务的范围会更广，使SCM充分发挥作用，并且能够和国外厂商进行合作和合并。

但是，日本的流通系统非常多样、非常复杂。如果深刻思考，日本资本主义的形成过程和欧美不同，在工业资本产生之前，也就是资本主义以前（德川幕府时代），其商业发展很快，尤其是以九十九商会和鸿池组为代表的商业资本发展迅速。明治时代之后，在国家政策保护下，工业特别是重工业得到了良好管理，取得了很大的发展。除了军事管制时期之外，国家没有干预商业，使商业得以自由发展，因此留下了多样化、复杂的流通途径。

流通领域的现代化，是在战后特别是经济高速发展后出现的。在干线公路沿线开设大型停车场的大型超市是汽车时代的产品。另外，住宅附近的商业街或车站前商业街出现了萧条。无论是人口稀少的地区还是城市，没有汽车的人们或者是不会驾驶的老人，都成了“消费难民”。最近，日本生鲜食品等各种日常生活用品的网上销售和网购在全国各地发展起来，就反映了这一情况。

作为消费者运动的一部分，日本具有历史悠久的合作社和产地直送，它们在地区志愿者组织的支持下得以持续。继而，电脑的普及实现了网上交易，手机也同样丰富了消费者的商品购买途径。

取代商业街“集市”而出现的地区密集型便利店，受到了双职工、长时间劳动、夜晚工作和不定时工作增加的生活方式变化的影响，增加了分店，但是其经营母体是大资本实体（大阪燃气公司等），店铺管理者不断开展激烈的竞争。在这样严峻的环境下，能够持续经营的个体商店，很多都是因为有合适的继承人。

即使只是消费领域的销售网，也需要复杂的渠道。和国外进行直接交易（个人进口）时，物流线路变长，选择的空间变大。圣诞节、年末、中元节、岁末、季节性的大促销等，销售商的条件给物流线路带来了影响。

制造商也面临这种情况。和消费者物流相比，数量上无可比拟的大量物流呈现常态化的厂商物流，不得不变得更复杂，不得不委托给物流专家、3PL。而且，在市场扩展到国外的情况下，能促使优良信息系统的 SCM 具有强有力的武器（信息系统）。大型 3PL 企业通过构建 SCM，进一步强化对市场的支配。从这一意义上讲，SCM 拉大了物流界间的差距。

SCM、3PL 都排除了销售和物流领域的不合理性，提高了物流的效率和精度。在这一点上，可以说是启动了物流革新。但是，这一导入和进展是很短暂、很激烈的，所以也出现了如下问题：对于制造商和商社等货主来说，各个公司积累的物流知识没有得到充分利用；对于物流厂商来说，来不及培养信息和物流的专业团队。因此，物流厂商间的差距扩大了。

以上的流通和物流革新，都是在信息仪器和信息系统的发展态势下，以及准确掌握消费者的消费行为的前提下存在的。重新审视的话，目前消费者的消费行为在很大程度上依靠电视广告，是否可以这样照搬接受消费行为呢？消费者购买商品时，从店员和店主那里得到很多信息，从而迅速成为“明智的消费者”。现在，消费者则很少有机会在卖场里购买商品时得到建议。在信息化的过程中，希望能通过培养消费者来推动流通和物流的革新。

第三章

现代物流产业

03-04-06 82 PARIS
IMMIGRATION OFFICER
Customs - Douanes

一、国内物流业

（一）国内物流的主力：卡车行业

1. 卡车运输和卡车业

目前，在日本负责国内物流的运输业包括铁路、卡车、国内航运（包括轮渡）、航空。关于其运输分担比例，如果按照吨数算，91%是用卡车运输的，详见表3－1、表3－2。国内干线高速公路的建设得到推进，汽车产业的发展使得运输工具（卡车、拖车）可以以较低的成本供应。而且，国内运输货物由煤、铁矿石等重、厚、长大型货物转变为轻薄、短小型货物，由此，国内物流的主力变为卡车。目前，物流需求持续上涨，卡车呈现大型化。

作为物流主角的“卡车业”，一直以来都是以中小企业为主。因为比较容易参与市场（卡车业的生产方式——“道路”由公共资本供应，只需投资运输工具即可参与），所以供需调整放宽管制后，市场参与显著增加，管理变得越发困难。

表 3-1　国内各个货物运输方式分担率的变化

单位：吨，%

年份		合计	铁路		JR 货物	汽车		国内航运		航空	
		千吨	千吨	分担率	千吨	千吨	分担率	千吨	分担率	千吨	分担率
昭和	40	2 616 397	243 524	9. 3	191 060	2 193 195	83. 8	179 645	6. 9	33	0. 0
	45	5 253 192	250 360	4. 8	193 106	4 626 069	88. 1	376 647	7. 2	116	0. 0
	50	5 025 721	180 616	3. 6	137 879	4 392 859	87. 4	452 054	9. 0	192	0. 0
	55	5 981 364	162 827	2. 7	117 896	5 317 950	88. 9	500 258	8. 4	329	0. 0
	60	5 597 256	96 285	1. 7	65 497	5 048 048	90. 2	452 385	8. 1	538	0. 0
平成	2	6 776 257	86 619	1. 3	58 400	6 113 565	90. 2	575 199	8. 5	874	0. 0
	3	6 919 273	85 697	1. 2	57 390	6 260 811	90. 5	571 891	8. 3	874	0. 0
	4	6 725 372	82 402	1. 2	55 633	6 101 706	90. 7	540 410	8. 0	854	0. 0
	5	6 430 496	79 259	1. 2	53 178	5 821 537	90. 5	528 841	8. 2	859	0. 0
	6	6 445 996	78 948	1. 2	52 753	5 810 374	90. 1	555 764	8. 6	910	0. 0
	7	6 643 008	76 932	1. 2	51 456	6 016 574	90. 6	548 542	8. 3	960	0. 0

续表

年份		合计	铁路		JR 货物	汽车		国内航运		航空	
		千吨	千吨	分担率	千吨	千吨	分担率	千吨	分担率	千吨	分担率
平成	8	6 798 734	73 558	1. 1	48 185	6 177 266	90. 9	546 909	8. 0	1 002	0. 0
	9	6 677 063	69 228	1. 0	47 286	6 065 384	90. 8	541 437	8. 1	1 014	0. 0
	10	6 397 912	60 369	0. 9	40 604	5 819 881	91. 0	516 647	8. 1	1 015	0. 0
	11	6 445 607	58 685	0. 9	39 154	5 863 259	91. 0	522 602	8. 1	1 061	0. 0
	12	6 371 017	59 274	0. 9	39 620	5 773 619	90. 6	537 021	8. 4	1 103	0. 0
	13	6 157 977	58 668	1. 0	39 026	5 578 227	90. 6	520 067	8. 4	1 015	0. 0
	14	5 894 331	56 592	1. 0	38 197	5 339 487	90. 6	497 251	8. 4	1 001	0. 0
	15	5 734 255	53 602	0. 9	37 552	5 234 076	91. 3	445 544	7. 8	1 033	0. 0
	16	5 569 413	52 219	0. 9	36 789	5 075 877	91. 1	440 252	7. 9	1 065	0. 0
	17	5 445 574	52 473	0. 9	36 864	4 965 874	91. 1	426 145	7. 8	1 082	0. 0

注：1. 从 1987 年开始，汽车中加上了轻型汽车，所以和 1986 年以前不连续。

2. 1994 年的汽车数值没有包含 1995 年 1 ~ 3 月的兵库县的数值。

3. 铁路只是指收费铁路。

4. 国内航空（只是定期）的运输量包括超过的随身行李和邮件。

5. 昭和 40 年即为公元 1965 年，平成 2 年即为公元 1990 年。

资料来源：国土交通省综合政策局信息管理部

表 3－2　国内各个货物运输方式的分担率的变化

单位：吨·公里，%

年份		合计	铁道		汽车		国内航运		航空	
		百万	千万	分担率	百万	分担率	百万	分担率	百万	分担率
昭和	40	185 726	56 678	30. 5	48 392	26. 1	80 635	43. 4	21	0. 0
	45	350 264	63 031	18. 0	135 916	38. 8	151 243	43. 2	74	0. 0
	50	360 490	47 058	13. 1	129 701	36. 0	183 579	50. 9	152	0. 0
	55	438 792	37 428	8. 5	178 901	40. 8	222 173	50. 6	290	0. 1
	60	434 160	21 919	5. 0	205 941	47. 4	205 818	47. 4	482	0. 1
平成	2	546 785	27 196	5. 0	274 244	50. 2	244 546	44. 7	799	0. 1
	3	559 948	27 157	4. 8	283 776	50. 7	248 203	44. 3	812	0. 1
	4	557 073	26 668	4. 8	281 599	50. 5	248 002	44. 5	804	0. 1
	5	535 661	25 433	4. 7	275 885	51. 5	233 526	43. 6	817	0. 2
	6	544 491	24 493	4. 5	280 587	51. 5	238 540	43. 8	871	0. 2
	7	559 003	25 101	4. 5	294 648	52. 7	238 330	42. 6	924	0. 2

续表

年份		合计	铁道		汽车		国内航运		航空	
		百万	千万	分担率	百万	分担率	百万	分担率	百万	分担率
平成	8	573 196	24 968	4. 4	305 510	53. 3	241 756	42. 2	962	0. 2
	9	568 880	24 618	4. 3	306 263	53. 8	237 018	41. 7	981	0. 2
	10	551 555	22 920	4. 2	300 670	54. 5	226 980	41. 2	985	0. 2
	11	560 161	22 541	4. 0	307 149	54. 8	229 432	41. 0	1 039	0. 2
	12	578 000	22 136	3. 8	313 118	54. 2	241 671	41. 8	1 075	0. 2
	13	580 710	22 193	3. 8	313 072	53. 9	244 451	42. 1	994	0. 2
	14	570 732	22 131	3. 9	312 028	54. 7	235 582	41. 3	991	0. 2
	15	563 873	22 794	4. 0	321 862	57. 1	218 190	38. 7	1 027	0. 2
	16	569 999	22 476	3. 9	327 632	57. 5	218 833	38. 4	1 058	0. 2
	17	570 445	22 813	4. 0	334 979	58. 7	211 578	37. 0	1 075	0. 2

注：1. 从 1987 年开始，在汽车中加上了轻型汽车，所以和 1986 年以前不连续。

2. 1994 年的汽车数值没有包含 1995 年 1 ~3 月的兵库县的数值。

3. 此表中铁路只是指收费铁路。

4. 国内航空（只是定期）的运输量包括超过的随身行李和邮件。

资料来源：国土交通省综合政策局信息管理部

1990 年实施的《货物运输处理事业法》、《货物汽车运输事业法》，废弃了以前的路线卡车和区域卡车的分类，按照每条路线进行了供需调整，从批准制到许可制，从运费认可制到申报制，全面进行了政策调控。随着废弃路线卡车和区域卡车的分类，两者一起成为“普通卡车业务（本地卡车业）”，旧路线卡车成为特殊货运卡车（旧路线的大型卡车）。根据过去 10 年的卡车企业数量的演变，特殊货运没有出现大幅度增减，而本地卡车增加了两成以上（见表 3 - 3）。

表 3 - 3　卡车企业数量的变化

<table>
<tr><th colspan="2" rowspan="2">年份</th><th rowspan="2">特别装载卡车</th><th colspan="6">本地卡车</th></tr>
<tr><th>合计</th><th>区域</th><th>小型</th><th>灵柩</th><th>无偿</th><th>特定</th></tr>
<tr><td rowspan="2">昭和</td><td>50</td><td>379</td><td>30 767</td><td colspan="2">28 253</td><td>1 387</td><td>—</td><td>1 127</td></tr>
<tr><td>60</td><td>337</td><td>36 257</td><td colspan="2">33 201</td><td>1 580</td><td>134</td><td>1 342</td></tr>
<tr><td rowspan="9">平成</td><td>4</td><td>290</td><td>42 018</td><td colspan="2">38 569</td><td>2 035</td><td>—</td><td>1 414</td></tr>
<tr><td>5</td><td>287</td><td>43 163</td><td colspan="2">39 627</td><td>2 167</td><td>—</td><td>1 369</td></tr>
<tr><td>6</td><td>286</td><td>44 729</td><td colspan="2">41 047</td><td>2 370</td><td>—</td><td>1 312</td></tr>
<tr><td>7</td><td>285</td><td>46 353</td><td colspan="2">42 501</td><td>2 606</td><td>—</td><td>1 246</td></tr>
<tr><td>8</td><td>279</td><td>48 350</td><td colspan="2">44 299</td><td>2 860</td><td>—</td><td>1 191</td></tr>
<tr><td>9</td><td>279</td><td>50 202</td><td colspan="2">45 959</td><td>3 081</td><td>—</td><td>1 162</td></tr>
<tr><td>10</td><td>276</td><td>51 843</td><td colspan="2">47 437</td><td>3 292</td><td>—</td><td>1 114</td></tr>
<tr><td>11</td><td>275</td><td>53 744</td><td colspan="2">49 148</td><td>3 490</td><td>—</td><td>1 106</td></tr>
<tr><td>12</td><td>272</td><td>55 155</td><td colspan="2">50 401</td><td>3 655</td><td>—</td><td>1 099</td></tr>
</table>

续表

年份		特别装载卡车	本地卡车					
			合计	区域	小型	灵柩	无偿	特定
平成	13	268	56 603	51 732		3 795	—	1 076
	14	276	57 870	52 948		3 852	—	1 070
	15	280	59 249	54 224		4 031	—	994
	16	283	60 758	55 678		4 140	—	940
	17	279	61 777	56 695		4 211	—	871

注：1. 国土交通省汽车交通局货物科调查。

2. 小型是在1971年的道路运输法修正后，包含在区域内。

3. 从1990年度开始，免费服务结束。

资料来源：《数字反映的物流》，2007年出版

通过资金规模和员工人数的比较，可以了解到卡车业的规模。在本地卡车业方面，86.3%的企业资本金在3 000万日元以下，72%的企业卡车少于20辆，92%的企业是员工不足50人的小型企业。在特殊货运卡车方面，资本金5 000万日元以下的企业大约占55%，大约70%的企业车辆在200辆以下，大型卡车企业只有几家（2006年3月末，《数字反映的物流》，2007年出版）。

此外，在卡车产业发展政策下，为了拥有更多车辆，引入了分期付款销售制和租赁制，使弱小资本也能参与到卡车业务中。但是，卡车业并没有迅速发展（通过增加卡车数量，扩大经营规模），反而使小企业的数量增加了。而且租赁制使卡车司

机自己拥有车辆，引入了运输承包制，这不仅使雇佣关系模糊不清，而且将事故责任强加于所有劳动者个人，降低了卡车劳动者的实际工资，使劳动条件恶化，成为典型的产生“低薪超强度劳动”的温床之一。

2. 卡车市场竞争的特点

卡车市场包括营运卡车和家用卡车。卡车运输业的主体是营运卡车，不包括家用卡车。虽然这样说，但所有卡车中，家用卡车的比例是84.3%，营运卡车只占15.7%。在运输吨数方面，营运卡车占六成；在运输吨·公里方面，营运卡车占九成左右。另外，营运卡车每天实际的行驶距离约是家用卡车的3倍，每吨·公里的平均运输距离将近是家用卡车的5倍，两者存在着巨大差距。

企业的营业活动离不开家用卡车。随时可以即时生产，是家用卡车特有的优势。但是，对于大量货物、特殊货物或定期发货货物的运输来说，营业卡车的效率比较高。大型卡车企业通过信息系统，为货主提供服务，所以单程运输较少，收益率也比较好。大型卡车企业转包给零散企业，进行低成本运输，同时通过卡车枢纽站点的扩建，信息网络的使用等有利条件，进行货物收集，加强垄断。宅急送服务也是大型卡车业的市场，近年来，在高尔夫、滑雪、自行车等热潮中快速增长，扩大了市场。这些大型卡车企业中，有的企业已经具有运输代理人的资质，向综合物流业发展。

现在，极少数的大型卡车业和大多数的小型企业之间，两极分化的趋势日益明显。目前，世界各国对地球环境问题越来越关注，日本 NOx 必须尽快解决大型卡车的尾气问题。与道路污染相关的诉讼遍及全国各地，且倾向于支持原告的主张。在引发公害之前的 NOx 对策应该是更积极投入的课题。在柴油管制方面，经由法律调控取得了相当大的效果，但是公众希望出台包括经济征税等在内的更积极的解决办法。为了减少臭氧层破坏的元凶——“汽车尾气”，政府、运输省（国土交通省）致力于从卡车转到铁路和国内航运上。

同时，低污染车——“电动汽车和甲醇汽车”，玉米植物油的利用与开发也在进行，并开始发挥作用。另外，很多自治体自发地采取措施减少停车空转。

在应对卡车的环境问题时，必须改善卡车本身，使用绿色燃料，也要重新审视卡车运输结构。对由于即时生产，多频率少量运输引起的车辆增加情形进行检查，促其向更合理的物流方式转化，从而尽可能减少污染源。以卡车运输为中心的物流体制正在迎来拐点。

（二）铁路货物运输现状

曾经作为日本列岛的物流大动脉而快速发展的铁路货物运输，现在完全让位于卡车业务。1967 年（昭和 42 年），国营铁路 JR 货物运输达到 2 亿吨的峰值，到 1995 年（平成 7 年）时减至 5 100 万吨，2005 年（平成 17 年）更是减少到 3 700 万吨，其中约四成是集装箱货物（见表 3－1）。

铁路货物丰富时期，煤、水泥、石油、石灰石、纸、纸浆、木材等工业原材料的运输都离不开铁路。作为能源原料的煤可以转化为石油，以及木材、纸浆的海外进口增加（北洋材料进口很多原木，而南洋材料进口很多是在当地制造的），都导致了铁路货物的直接减少。此外，20 世纪 70 年代的两次石油危机，使国内货物运输量锐减。尽管卡车和国内航运后来恢复了，但铁路货物却没有复苏（见表 3 – 4）。这与当时已经成为俎上之肉的“国营铁路货物的安乐死”有关。

早在国营铁路转换到 JR 的两年前，1984 年的时间表修正中全面废除了国营铁路货物运输的“堆场”，开始转换为枢纽间运输的方式。从原来的面运输缩小为线运输（枢纽间运输）。旧国营铁路堆场由清算机构卖掉，一部分作为城市再开发用地得到利用。

整体上，铁路货物的范围缩小了，而连接枢纽的 JR 的集装箱货物却具有一定份额。主要集装箱货物是纤维工业品、食物工业品、化工品、特殊货运货物。有很多其他的货物，这一点也是混载集装箱的特征。

2007 年，车辆运输吨数是 1 500 万吨以下，而集装箱运输超过了 2 200 万吨。以吨·公里来看，车辆运输是 26.5 亿吨·公里，集装箱运输是 199 亿吨·公里，约是车辆运输的 7.51 倍。

近距离（200 公里以内）由卡车运输，中等距离（500 公里以内）由铁路运输，远距离（超过 500 公里）由国内航运运输，这种分工结构瓦解了，大型的、跑长距离的卡车在中长距离运

表 3－4　主要品种的运输量（2005 年度）

单位：千吨

运输物品	合计		JR 货物		汽车				国内航运	
		同比（%）		同比（%）	营业用	同比（%）	家用	同比（%）	营业用	同比（%）
品种合计	5 403 758	97.8	14 536	98	2 858 258	100.9	2 107 616	94	423 348	97.7
谷物	47 248	94.8	0	—	28 003	92.6	16 303	97.2	2 942	103.6
木材	177 268	97.2	102	114.6	93 431	106.4	77 150	90.8	6 585	69.2
金属矿	2 527	104.4	173	81.6	784	49.6	333	112.5	1 237	81.5
煤	19 781	84.5	220	100.9	10 013	66.4	355	825.6	9 193	113.6
砂砾、砂、石材	751 037	101.2	715	94.1	296 849	110.6	430 188	95.6	23 285	100.3
工业用非金属矿物	264 603	66.8	0	—	94 814	64.7	88 399	52.9	81 390	98.6
（石灰石）	—	—	—	—	—	—	—	—	37 553	98.7
（原油）	—	—	—	—	—	—	—	—	34 014	98.5

续表

运输物品	合计		JR 货物		汽车				国内航运	
		同比（%）		同比（%）	营业用	同比（%）	家用	同比（%）	营业用	同比（%）
金属	212 721	114.7	38	108.6	110 513	125.3	54 497	108.3	47 673	101.7
（钢铁）	—	—	—	—	84 776	123	45 223	112.9	47 018	101.9
金属产品	88 939	111.2	0	—	43 942	107.7	43 483	117	1 514	73.1
机器	454 443	97.4	1 353	97.5	312 266	98.5	132 742	94.5	8 082	103.8
窑制品	355 033	94.3	1 274	99	196 034	93.1	114 018	93.7	43 707	102.3
水泥	89 107	108	1 274	99	34 908	109	10 558	139	42 367	101.8
石油产品	287 863	93.3	9 482	98.5	91 218	94.8	81 506	85.5	105 657	98.3
化学药品	60 314	95.9	549	94.5	35 882	92.3	3 740	99.7	20 143	102.3
化肥	1 945	25.4	0	—	888	56.6	35	7	1 022	96.1
纸·纸浆	124 022	99.1	481	99.2	97 318	98.7	22 597	100.9	3 626	99.9

续表

运输物品	合计		JR 货物		汽车				国内航运	
		同比（%）		同比（%）	营业用	同比（%）	家用	同比（%）	营业用	同比（%）
纤维工业品	20 566	127	0	—	13 019	156. 7	7 413	95. 2	7	175
食物工业品	454 690	97. 8	0	—	327 109	103. 8	126 310	84. 9	1 271	105. 4
日用品	294 406	94. 5	0	—	235 907	95	58 497	92. 2	2	66. 7
特种品	315 681	99. 3	139	95. 9	124 405	119. 5	154. 282	89. 8	36 855	87. 7
（废弃物）	—	—	—	—	233 243	96. 6	509 450	110. 1	—	—

注：1. 根据国土交通省综合政策局信息管理部资料。

2. 只是主要品种，所以和合计不完全相同。

3. JR 货物只是收费的。

4. 特种品：金属屑，动植物性饲料，其他合计。

资料来源：《数字反映的物流》，2007 年出版

输方面提高了占有率。铁路货物的未来会怎样呢？

JR成立后，各公司努力将重点放在头等旅客列车和赛事列车上，把利润放在第一位。时间表编制也以头等列车优先，而收益率低的货物列车则在剩余时间（很多都在深夜）运行。货物流动最多的东海道、山阳的时间表已经排得过于密集了，很难再纳入其他货物列车。作为国内物流主角的卡车运输，由于全国各地的交通堵塞，难以做到按需运送，再加上事故多发，工人不足，重大道路污染的发生，在日益增多的矛盾中，理所当然出现了模式的转变。

但是，如上所述，不具有堆场的JR货物运输中，难以提供代替卡车的运输服务。考虑到模式转变的可能性，促使具有装货轨道的工厂更积极地使用铁路。化工厂、啤酒公司、食品加工厂等已经用集装箱将发货货物从工厂搬运出来。车载货物很多是单程运输，这是一个大问题，但是通过完善货物信息系统，可以开始相当合理的运输。当今时代，在铁路货物运输中，要增强市场营销的必要性，提高运输的“品质”。

1997年，日本政府废弃了供需调整规则，作为政府调控政策的一部分，将货物铁路运费转为申报制。运费的高低是选择运输方式的重要标准之一，并且和铁路货物的增加相关联。从这一点来看，可以对用铁路进行海上集装箱运输的可能性进行研究。但是，海上集装箱港的数量增加了，而背后运输距离日趋缩短，所以很难从“可以从门到门运输的卡车”转向铁路。

近年来，中国、韩国等亚洲邻国间的渡轮运输网日益发达，

JR集装箱用于小型货物运输的例子不断增加。这个例子并不是铁路运输，但是JR集装箱用于国际运输。

铁路货物也存在于JR以外的民营铁路，但集装箱的运输量较少，主要运输特定的工厂货物（石灰石、水泥等），所以是工业运输。

（三）稳健发展的国内航运

1. 国内航运的运输结构

从江户时代开始，沿着南北狭长的海岸线开发沿岸航路网，这种国内航运是日本经济发展必不可少的重要运输方式。战后的经济高速发展期，在国内货物运输量（吨·公里）中国内航运占了五成以上的份额，是钢铁、石油、水泥、煤、石灰石等材料产业活动中不可或缺的物流承担者。

但是，道路网构建起来后，国内物流的主角逐渐被卡车代替，并且在进入经济低速增长期之后，由于产业结构的变化，以前的以材料产业、能源产业为中心转换为了以加工、装配型产业为核心，国内航运运输的货物数量大幅减少（见表3－5）。运输结构从“重厚长大”转变为“轻薄短小”。随着产业结构中发达技术加工业的发展、服务水平的增强，尽管国内货物的总运输量没有减少，但是国内航运的份额却减少了。在发达技术加工业中，货主优先进行即时生产（Just In Time）系统的运输，所以可以实现“从户到户”的运输，速度较快的卡车变为运输主力。

表 3－5　主要类别的国内航运货物运输量的变化

品种	运输吨数（千吨）			运输量（百万吨·公里）			平均运输距离（公里）	
	1995 年	2005 年	2005 年/1995 年（%）	1995 年	2005 年	2005 年/1995 年（%）	1995 年	2005 年
煤	11 780（2.1）	9 193（2.2）	78.0	5 184（2.2）	3 819（1.8）	73.7	440	415
钢铁	61 856（11.3）	47 026（11.0）	76.0	31 369（13.2）	24 124（11.4）	76.9	507	513
石灰石	49 202（8.9）	37 769（8.9）	76.8	18 593（7.8）	14 170（6.7）	76.2	378	375
砂砾、砂、石材	52 006（9.5）	24 155（5.7）	46.4	9 323（3.9）	5 718（2.7）	61.3	179	287
水泥	53 918（9.9）	42 372（9.9）	78.6	25 520（10.7）	21 768（10.8）	85.3	478	514

续表

品种	运输吨数（千吨）			运输量（百万吨·公里）			平均运输距离（公里）	
	1995 年	2005 年	2005 年/1995 年（%）	1995 年	2005 年	2005 年/1995 年（%）	1995 年	2005 年
石油产品	152 854（27.8）	105 828（24.8）	69.2	59 518（25.0）	46 524（22.0）	78.2	391	440
其他	167 426（30.5）	159 802（37.5）	95.4	88 823（37.2）	95 453（45.1）	107.5	531	597
合计	548 542（100.0）	426 145（100.0）	77.7	238 330（100.0）	211 576（100.0）	88.8	434	496

注：1.（　）内是各品种的份额（%）。

2. 由于对数值进行了四舍五入，所以合计值和实际统计数不一致。

资料来源：根据国土交通省“国内航运船舶运输统计年报”作成的“数字反映的日本海运造船”，2007 年

在材料货物运输方面，国内航运仍然承担着主要作用。石油产品原油、石灰石水泥、钢铁这三种货物的国内航运在吨数、吨·公里方面都占国内运输的八成。

使用国内航运的货主主要是与石油、水泥相关的大型企业。特别是水泥，运输货物的一大半是大型水泥公司的工业运输。

特定大型企业和国内航运大企业签订了长期运输合同，但国内航运企业承包给了小型、零散的经营主，以廉价运费进行运输。小型经营主没有和货主签订直接运输合同，所以其拥有的船不得不出租或委托给国内航运大企业。通过长期运输合同进行的稳定运输，对大型货主和主承包商来说是有利的，但作为承包者的经营主的经营管理仍然没有改善。

2. 国内航运业的现状

在过去半个多世纪，国内航运业的大部分都由中小业者和零散规模业者占据，这个格局到目前都没有改变。极少数的原承包大型业者为金字塔塔尖，中小业者、转包零散经营主为金字塔塔身。受远洋航行中日本籍船减少的影响，有的国内航运船员从远洋航行转为国内航运，这只限于远洋航运的大型海运。

截至2007年4月1日，国内航运从业者中注册者为2 841家，申报者为1 454家，一共是4 295家。其中，资本金在5 000万日元以下的业者大约有90%，5亿日元以上的只有2%。特别是国内航运经营主的规模比较零散，所谓的“一艘船的船主”也包含在内，他们中的很多人不是专门经营海运业的，而是同时经营农业和渔业。随着日本的老龄化，他们不得不停业（见表3－6）。

表 3-6 国内航运业资本金的注册业者数量

类型	个人	低于 1 000 万日元	1 000 万～5 000 万日元	5 000 万～1 亿日元	1 亿～5 亿日元	高于 5 亿日元	合计
业者数量(停业的除外)	271	871	1 239	176	48	56	2 661
比例	10.2%	32.7%	46.6%	6.6%	1.8%	2.1%	100.0%
停业的业者数	16	72	75	10	3	4	180
比例	8.9%	40.0%	41.7%	5.6%	1.7%	2.2%	100.0%
合计	287	943	1 314	186	51	60	2 841
比例	10.1%	33.2%	46.3%	6.5%	1.8%	2.1%	100.0%

注：2007 年 3 月 31 日的数据。
资料来源：根据国土交通省海事局资料做成的“数字反映的日本海运造船”

国内航运业者根据 1964 年实施的《国内航运二法》的调控，业务为许可制或申报制。但到了 2005 年，随着海运发展法的制定，废除了许可制，政策调控全部变为申报制，同时不再区分国内航运运输业和国内航运船舶租赁业。

3. 国内航运政策和将来

1998 年实施的以促进国内航运发展为目的的“国内航运暂行措施业务”，向不再从事航运的业者支付一定金额，同时从船舶建造者那里收缴款项，从而实现了船只调整。但是，初期有很多关于支付金额的问题，陆续有业者放弃了国内航运而停业，船只数量减少，但是代替建造完全没有发展起来，仍然由老龄船只继续运行。

2007年（平成19年），为推进国内航运船舶的代替建造，构建有效和稳定的国内航运物流，促进国内航业发展，国土交通省海事局实施了计划政策。但是，只要没有从根本上解决国内航运的各项问题（国内航运市场的前景、国内航运船员的老龄化、船主的继任者等），未来就很难有发展。

国内航运物流使用的是RORO船和集装箱船等大型船，而沿岸和濑户内海有需求时所使用的是小型船，像长距离轮渡那样，和人流实现一体化，连接离岛的生活航线等，需要分部门采取对策。近年来，作为应对地球变暖的措施之一，在模式转变的过程中，需要论证转为国内航运的海运和河运的可能性。具体是指自治体在大阪湾建设“超级枢纽港”时，对于经过神户港进行模式转变的业者提供补助金的这一制度。根据阪神大地震的经验教训，受灾时如果陆地交通遭到了破坏，那么国内航运轮渡等海运的作用就显得很重要了。

此外，今后的国内航运发展不能影响离岛等偏僻地方生活的居民和小企业。希望具有这种社会保障作用的国内航运的发展能够更广泛和多样化。

二、国际物流业

（一）国际物流的变化和远洋航运

1. 国际物流的主角：远洋航运

日本国际物流的主力是远洋航运和航空。航空货物近年来发展迅速，但是从运输货物的种类和吨数来看，运输的主力仍然是远洋航运。进口货物主要是原油等石油相关货物、煤、铁矿石、机器和谷物，而出口货物主要是杂货、机器和汽车。从运输吨数来看，进口货物量大幅高于出口货物量。从金额来看，出口货物略多一些，但基本保持平衡（见表3－7）。杂货运输都用集装箱船运输，由于近年来船舶的大型化，杂货以外（例如，汽车部件、二轮车、小型机械类）用集装箱船运输的货物增加了。

但是，进出口共约10亿吨的大量货物的运输船舶，并不只是日本籍船舶。以前可以租用外国船只运输大量货物，但是在20世纪70年代，出现了海运中全新形态的船舶：权宜轮，即FOC船（Flag Of Convenience Ship）。权宜轮是美国军事战略中产生的方式（朝鲜战争后，由于剩余船舶的民间转让没有顺利实现，船员成本比较低，根据需要将船舶转移到美国可以自由使用的、美国支配下的开放登记国家）。这种方式有利于海运企业，所以迅速扩展到了全世界的海运国家。

2. 海运的跨国化——权宜轮

开放登记国家包括利比里亚、巴拿马等，在这些国家登记，可以规避本国的海运法的限制，可以雇用低工资的船员，并避免高额税负。海运国家的海运企业纷纷使用权宜轮，在日本，外籍船舶的90%以上是权宜轮（见表3－8）。开放登记国家原本不是海运国家，所以海运法比较宽松，只要支付登记费就可以了，所以权宜轮对海运企业来说是很好的策略。

表 3-7　日本各种货物的海上贸易量和贸易额

单位：千吨，亿日元

品种		2005 年		2006 年		对上年度的增长率（%）（数量级）
		数量	金额	数量	金额	
进出口	合计	949 993	870 981	858 932	1 025 878	0.9
出口	总计	134 365	450 088	144 387	526 206	7.4
	钢铁	32 260	30 182	34 837	34 658	8.0
	水泥	10 197	269	10 121	313	-0.7
	机械类	13 908	166 092	15 024	181 538	8.0
	家用汽车	6 388	87 717	7 533	109 584	17.7
	电器产品	1 615	48 292	1 833	53 192	1.1
	肥料	898	120	869	121	-3.2
	其他	69 089	123 393	74 350	148 760	7.6
进口	总计	815 628	414 885	814 565	499 671	-0.1
	干货物合计	506 609	285 717	501 706	330 283	-0.8
	铁矿石	132 285	6 157	134 287	8 339	1.8
	煤	180 806	15 128	177 209	16 118	-2.0
	磷矿石	774	98	784	117	1.2
	盐	8 298	354	8 895	413	7.2
	铜矿	4 320	5 321	4 833	10 667	7.3
	镍矿	4 757	380	4 214	402	-11.4
	矾土	1 814	78	1 688	78	-6.9

续表

品种		2005 年		2006 年		对上年度的增长率（%）（数量级）
		数量	金额	数量	金额	
进口	木材	12 839	5 205	12 218	6 802	-4.8
	纸浆	2 360	1 415	2 365	1 671	0.2
	芯片	14 112	2 264	13 776	2 454	-2.4
	小麦	5 472	1 356	5 337	1 489	-2.5
	米	787	354	607	362	-22.9
	大麦、裸麦	1 430	288	1 383	303	-3.3
	玉米	16 656	2 850	16 883	3 007	1.4
	大豆	4 181	1 569	4 042	1 491	-3.3
	其他	114 717	242 889	113 385	277 579	-1.2
	液体货物合计	310 019	129 178	312 660	169 389	0.9
	原油	210 813	88 253	209 141	115 351	-0.8
	液化天然气	58 014	19 853	62 189	26 595	7.2
	液化石油气	13 755	6 660	14 512	9 406	5.5
	重油	3 892	1 515	3 934	1 940	1.1
	其他	23 545	12 697	23 084	16 097	-2.0

注：根据财务省贸易统计，由海事局编制。

资料来源：《海事报告》，2007 年出版，国土交通省海事局

表 3-8 各国和国内/国外的船只顺序（2006 年 1 月 1 日）

单位：万吨，%

	国家/地区	本国船	外籍船	合计	外籍船比例	在世界上的比例
1	希腊	4 746	11 592	16 339	71.0	18.0
2	日本	1 176	11 994	13 170	91.1	14.5
3	德国	1 312	5 839	7 151	81.7	7.9
4	中国	2 983	3 565	6 548	54.5	7.2
5	美国	1 017	3 675	4 692	78.3	5.2
6	挪威	1 365	3 173	4 539	69.9	5.0
7	中国香港	1 797	2 587	4 384	59.0	4.8
8	韩国	1 269	1 697	2 967	57.2	3.3
9	中国台湾	477	1 961	2 438	80.4	2.7
10	新加坡	1 469	828	2 298	36.1	2.5
11	英国	896	1 233	2 129	57.9	2.4
12	丹麦	922	1 032	1 955	52.8	2.2
13	俄罗斯	680	988	1 669	59.3	1.8
14	意大利	1 019	429	1 449	29.7	1.6
15	印度	1 251	126	1 377	9.2	1.5
16	瑞士	79	1 096	1 175	93.3	1.3
17	比利时	590	565	1 155	48.9	1.3
18	沙特阿拉伯	97	1 038	1 136	91.4	1.3
19	土耳其	679	349	1 029	34.0	1.1
20	伊朗	889	93	938	9.5	1.1
	前 35 个国家	28 585	57 712	86 297	66.9	95.2

续表

	国家/地区	本国船	外籍船	合计	外籍船比例	在世界上的比例
	全世界	30 376	60 298	90 675	66.5	100.0

注：1. 1 000 吨以上的船舶。美国后备舰队和五大湖船舶除外。

2. 分配到实际船主国。许多希腊船主住在美国。

3. UNCTAD 以巴拿马、利比里亚、巴哈马、马耳他、塞浦路斯、百慕大、圣文森特和格林纳丁斯群岛、安提瓜和巴布达、开曼群岛、卢森堡、瓦努阿图、直布罗陀为开放登记，占外籍船的 69%。

资料来源：UNCTAD Ravlew of Maritime Transport 2000

权宜轮是海运中的跨国企业。20 世纪 80 年代，对于不断流出的本国国籍的船只，欧洲各国采取措施防止船上不插国旗，并且引入了第二船籍制度，以保护和补助本国船只。英国登记在马恩岛，法国登记在凯尔盖朗岛（都是本国的领土），从而得到和权宜轮同样的对待。德国、丹麦、挪威等引入了国际船舶注册制度，成立了包括除本国船只以外的外籍船只在内的在国际上开放的国际船舶管理公司。这里注册的船舶采用优待权宜轮的第二船籍制度，但是第二船籍制度没有长久延续多久，很快就被权宜轮取代了。

日本在 2005 年采用常用雇佣型的船员派遣事业制度（国土交通省大臣的许可制），增加了外籍船员。远洋航行船员减少了 2 600 名，以后还将减少。已经失去吸引力的船员市场无法吸收到年轻船员，日籍船员的培养面临危机。

3. 定期船都是集装箱船

海运船舶包括运输煤、铁矿石、谷物的散装货船，运输原油、石油等相关货物的油轮，汽车专用船等不定期船，以及根据时间表定期航运的定期船。目前，定期船几乎都是集装箱船。不定期船的运费（租船费）由于海运市场竞争条件的变化而发生变动，但定期船的运费原则上以关税表的形式公布。

海运市场没有国界，是单一的国际市场。并且，“海运自由的原则（国旗差别的禁止）”这个 OECD（经济合作与发展组织）的海运自由化号码（1961 年）引起开放，所以竞争日益激烈。海运联盟（国际海运联合企业）在一定程度上遏止了竞争，但进入权宜轮时代后，其意义很快被抹杀了。

20 世纪 70 年代，随着美军在越南战争中使用的集装箱运输船被用作商船，定期船的杂货运输全部被集装箱船所取代。集装箱船的出现就如同帆船时代的汽船，是 20 世纪划时代的海运技术革新。和以前通过船上的起重机将货物从船舱底搬上来相比，码头上的集装箱起重机的搬运速度提高了好几倍，大大提高了装卸效率。尤其是以前的沿岸装卸作业，是需要很多人力和时间的危险作业，但是集装箱的搬运大多在货主的工厂或集装箱货运站进行，所以是划时代地提高了港口装卸的效率。这样，船的装卸时间大幅缩短，船舶的周转率得以大幅提高。

4. 联盟——国际性联盟的形成

日本的集装箱航运公司当初有日本邮船、商船三井、川崎汽船、山下新日本、日本航线和昭和海运 6 家，但目前只剩下前 3 家了。进入集装箱时代之后，海运企业的投资额集中在集装箱码头（许多是航运公司专门租借的）的装卸机械，集装箱堆场的设备等，同时国际竞争激化，运费竞争也很激烈，形成了国际性联盟。初期的联盟只限于北美航路等一部分航路，之后，航路和业务合作的范围扩大了。集装箱码头的共同使用也是联盟的一大优势。日本的3家公司分别属于不同的联盟（见表3－9）。不属于联盟、单独扩大业务的航运公司有马士基、伊娃格林等。

表3－9　主要航路中的大型运营商/联盟的航运船只数量

航运公司或联盟	航运船只数量（截至2007年1月1日）	
	船数（艘）	标准集装箱（TEU）
CKYH集团	186	931 007
COSCO（中国）		
川崎汽船		
阳明海运（中国台湾）		
韩进海运（韩国）		
The Grand Alliance（GA）	119	639 475
日本邮船		
OOCL（中国）		
Hapag－Lloyd（德国）		
MISC（马来西亚）（仅限于亚洲/欧洲的服务）		
The New World Alliance（TNWA）	94	493 753
APL（美国）		
商船三井		

续表

航运公司或联盟	航运船只数量（截至2007年1月1日）	
	船数（艘）	标准集装箱（TEU）
现代商船（韩国）		
Msersk Line（丹麦）	161	870 872
Medlerranean Shipping Company（瑞士）	80	513 224
Evergreen（中国台湾）（包括 Italia Martlima（意大利）、Halsu Marine（英国））	83	397 404
CMA CGM（法国）（包括 ANL（澳大利亚））	74	368 949
China Shipping Container line（中国）	52	276 993

注：1. 主要航路：北美航路，欧洲航路，大西洋航路。

2. 以 MDS 数据为基础，由日本邮船调查集团进行统计。

资料来源：国土交通省海事局，《海事报告》，2007 年出版，第 103 页

这种国际性联盟是以共同的国际市场为竞争舞台的国际海运企业，具有单独性。其组织的主要目的是提供有效、高水准的服务，以及节约投资额，所以其结合度比较松散，可以预测到加盟其中的航运公司的变动相当大。

另外，争夺世界第一名的大型运营商的合并和收购很活跃。2005 年，马士基（丹麦）收购了 P&O（英国）、Nedlloyd（荷兰），Hapag-Lloyd Flug（德国）收购了 CP 船舶（英国），CMA CGM（法国）收购了 Delmas（法国）。2006 年，马士基和 P&O、Nedlloyd 合并，取得了世界海运业第一的地位。马士基在世界集装箱市场上投入了能装 8 000 个和 10 000 个集装箱的大型集装

箱船，成为了集装箱船之王。

美国大型海运公司 APL 从海运业撤出，变为囊括世界 80 个国家的国际物流企业，以 LCL（集装箱混载的小型货物）为中心扩大了市场。英国的大型海运公司 P&O 也和马士基合并，曾经的传统海运企业消失了。

国际运输结构的变化，以及第三方物流等物流企业的发展，导致了海运企业的单独服务内容不得不缩小。大型货主具有单独的物流企业，追求自己公司物流的高效化，所以有时海运企业没有表现出独立性。

虽然日本的海运企业仍然存在，但在航运船舶中，日本籍船的比例为一成左右，而九成是权宜轮。日籍船员持续减少，取而代之的是菲律宾和印尼的外籍船员在增加。但是，有不少人担心长年积累下来的传统知识，特别是船舶航运技能无法得以传承。

对此，政府采取的措施力度并不够。作为税制改革的一部分，准备引入外形征税“吨数标准税制”。现在的海运企业税制是向实际的航运利润支付的，而欧美各国采用的“吨数标准税制”是根据航运船舶的吨数（装载货物的空间容积）计算出“假定利润”进行征税的。现在，受到中国贸易崛起的影响，船舶的周转率较快，“吨数标准税制”未必和增税联系在一起，但船舶的大型化使航运装载过剩，反而会增税。从税的本质来看，对利润进行征税是应当的，但从国外的惯例来看，可以说这是以后的一大问题。

（二）迅速发展的航空货物运输

1. 国际航空货物运输的现状及其成长

航空运输是进入20世纪后开始的新的运输方法。此外，航空运输初期以旅客运输为中心，所以货物运输并未得到重视，运输量比较少。但是近年来，航空运输迅速增长。

首先，从世界的国际航空货物运输量（吨·公里）来看，世界的国际定期航空货物运输量，在1985年只是29 382百万吨·公里，而2005年增加到118 480百万吨·公里，这20年内增长了约4倍。

比较各个地区的运输量（见表3－10），起初最多是欧洲地区的运输量，1992年以后，亚洲各国的经济高速增长，亚太地区的运输量也最多。

表3－10 国际定期航空地区的实际运输量

单位：百万吨·公里

地　区	1985年	1995年	2005年
亚太地区	8 588	26 318	45 070
欧洲	11 589	23 892	36 980
北美洲	4 841	12 091	21 630
南美洲	1 487	3 023	3 780
非洲	1 070	1 320	2 260
中东	1 807	3 692	8 760
合　计	29 382	70 336	118 480

资料来源：《航空统计要览》，各年版

IATA（国际航空运输协会）和波音公司预测了今后的国际航空货物运输量。双方都认为，国际航空货物运输量将持续增加，其动力是以“完成了大幅经济增长且物流量明显增加的中国”为中心的亚洲航空货运市场。

接下来，概述日本的国际航空货物。日本的国际航空货物规模可以用重量和金额来衡量。2005 年，日本的国际航空货物运输量是 319 万吨，运输额是 36 844 亿日元。与 1985 年相比，运输量增加了 2.7 倍，运输额增加了 3.5 倍。而与同时期海上货物运输量的增幅相比，航空运输量的增幅是 1.4 倍，运输额的增幅只是 1.5 倍，所以国际航空货物运输的需求急剧增加了。观察各个地区的国际航空货物运输量，亚洲地区占 73%，是最多的，接下来是美国，占 37%。日本和这两个地区的物流和经济方面的联系更加紧密了。

日本的国际航空货物运输的重要性可以通过航空化率（航空货物占所有货物的比例）来衡量。运输的主力是根据大宗运输货物的种类进行的海运，所以重量级的航空化率（2005 年）只有 0.3%。但是，金额级增长占到了 29%，国际航空运输的社会重要性增加了（见表 3－11、表 3－12）。

表 3－11　各种运输方式的国际货物运输量的变化

单位：万吨

年份	海上货物		航空货物		合计
	运输量	海上化率	运输量	航空化率	
1980 年	67 831	99.9%	53	0.1%	67 884

续表

年份	海上货物		航空货物		合计
	运输量	海上化率	运输量	航空化率	
1985 年	67 535	99.9%	87	0.1%	67 622
1990 年	78 389	99.8%	158	0.2%	78 547
1995 年	85 266	99.8%	213	0.2%	85 479
2000 年	88 974	99.7%	293	0.3%	89 267
2005 年	94 999	99.7%	319	0.3%	95 318

资料来源：《数字反映的物流》，各年版

表 3-12　各种运输方式的国际货物运输额的变化

单位：10 亿日元

年份	海上货物		航空货物		合计
	运输额	海上化率	运输额	航空化率	
1980 年	56 268	91%	5 268	9%	61 536
1985 年	61 700	88%	8 121	12%	69 811
1990 年	61 588	81%	14 458	19%	76 046
1995 年	55 452	74%	19 570	26%	75 022
2000 年	60 792	66%	31 478	34%	92 270
2005 年	91 957	71%	36 844	29%	128 801

资料来源：《数字反映的物流》，各年版

2. 国际航空货物的种类和趋势

航空运输的优点是快速，温度变化比较小，运输时较为稳定，定时性较高，可以以小时为单位进行运输，适应少量多频率的运输；而其缺点是成本较高，大型货物只能用货物专用飞机进行运输，由于路线和时期的不同，很难保证运输空间。

所以，航空货物从初期阶段开始就有很多时间价值较高、轻薄短小型的货物。例如，珍珠、时钟、高级衣服等高附加值货物，以及血清、书、图册、稿件等紧急货物。

推动今后国际航空运输快速发展的货物，除了以上货物之外，还有机器和化学产品。20 世纪 70 年代后半期之后，发生了从重工业、化学工业到高科技产业的产业结构转型，使得通过航空运输的货物急剧增加。2005 年，机器占日本国际航空货物进出口总额的 68%，是航空运输的主要货物。机器的种类中，以半导体等电子元件的运输额最多，其次是科学光学仪器、办公用机器（计算机、打印机等）。

另外，半导体等电子元件的航空化率非常高，出口是 89.1%，进口是 98.2%，可以说是依存于“无法用其他运输方式代替的航空运输”的货物。同样的货物还有医药品、活的动物、钻石、内燃汽车、飞机等（见表 3－13）。

表 3－13　航空运输中各主要货物的进出口额的变化

单位：亿日元

	项目	1985 年	1995 年	2005 年	比例（%）	航空化率（%）
出口	食物	62	87	245	0.1	7.5
	纤维和同类产品	916	886	1 352	0.7	14.5
	纺织品	482	454	664	0.3	14.8
	衣服	286	183	253	0.1	46.5
	化学产品	1 283	4 766	16 766	8.1	27.4
	药品	311	1 234	3 076	1.5	83.0
	非金属矿物产品	539	1 498	4 366	2.1	8.7
	珍珠	118	163	295	0.1	95.6
	金属和同类产品	539	1 534	2 612	1.3	32.8
	金属产品	388	1 005	2 406	1.2	24.4
	机械机器	33 716	86 042	145 811	70.2	30.8
	办公机器	5 551	15 375	10 855	5.2	41.7
	影像设备	2 145	2 145	13 967	6.7	77.4
	音响	775	611	358	0.2	30.8
	半导体电子部件	7 220	32 253	40 346	19.4	89.1
	电子测量机器	1 145	2 958	6 127	3.0	50.9
	飞机	71	105	497	0.2	28.4
	科学光学仪器	4 236	6 680	16 421	7.9	65.8
	时钟	3 065	1 338	664	0.3	64.5
	其他	4 828	10 730	36 477	17.6	47.1
	合计	41 882	105 543	207 629	100	30.4

续表

项目		1985 年	1995 年	2005 年	比例(%)	航空化率(%)
进口	食物	1 261	3 344	3 029	1.9	5.4
	活体动物	86	255	243	0.2	86.5
	原料和燃料	545	722	861	0.5	0.4
	工业用金刚石	11	95	64	0.0	95.5
	化学产品	4 301	7 838	18 165	11.3	40.7
	药品	2 097	3 532	8 224	5.1	88.7
	机械机器	17 944	52 256	105 162	65.4	59.5
	飞机用内燃机	1 417	946	3 690	2.3	98.1
	办公机器	3 226	13 448	19 966	12.4	64.7
	音响、影像设备	174	1 358	8 534	5.3	52.8
	半导体电子部件	1 894	12 549	25 015	15.6	98.2
	电子测量机器	1 304	2 688	4 475	2.8	86.8
	飞机	2 468	2 557	5 470	3.4	97.7
	科学光学仪器	1 602	4 122	11 308	7.0	72.3
	时钟	451	1 442	2 096	1.3	85.8
	其他	15 280	26 002	33 599	20.9	26.7
	金刚石	1 258	2 527	1 306	0.8	99.9
	贵石和半贵石	285	526	212	0.1	94.5
	有色金属	1 606	1 661	4 336	2.7	27.6
	金属产品	424	670	1 298	0.8	17.0
	合计	39 330	90 163	160 816	100.0	26.6

资料来源:《数字反映的航空》,各年版

20世纪80年代后半期开始，国际宅急送（重量在30千克以下的书或物品，从发货人到收货人的国际运输）货物运送迅速增加。

其主要原因是积分器的出现和发展。野尻亘先生把积分器定义为“综合航空物流企业”。其代表性企业是UPS（联合包裹速递服务公司）、FedEx（联邦快递）、DHL（中外运敦豪国际航空快递有限公司）等。

积分器的特点有三个。第一，每个地区有专用的枢纽和机场，并形成以此为中心的集线器辐条式系统（以车轮和车轴的形态组成路线网运输），开展经济性的运输；第二，积极引入新的信息技术，使用充分运用条形码和互联网的货物跟踪系统和电子订单系统，提高运输质量；第三，和一般的航空公司（主要使用旅客机，和其他航空公司签订联盟并合作，进行航空货物运输）不同，积分器以自己公司的货物专用航班为中心，基本上由自己公司开展陆地、海运、货物运输业等“点对点”的运输活动，从而提高运输的快捷性和准确性。

近年来国际航空货物的趋势是，虽然航空货物量和金额持续增加，但航空化率提高到了大约30%。在货物的性质和整体成本方面，航空运输的货物，基本上都从海运转为航空运输的，出现了分化。

在这种情况下，航空货物运输产生了变化：随着货物专用机的出现，装载容量增多，能运输大型货物，航空旅客人数的增加便得航班数量增加，航线呈现多样化和网络化。这样的竞争降低了航空货物的运费。

同时，在海上货物运输方面，随着“不以天为单位，而以小时为单位，进行定时航运的高速船”的国际货物运输的开始，以及事先申报制度、“到达即时进口许可制度”等的实施，海上货物运输的运输速度变快了，并且定时性、安全性、准确性等也提高了。

海上运输和航空运输的关系，以前并不是互相竞争的，而是互补性的，但近年来，海上货物和航空货物的划分开始变得模糊，灰色地带的货物不得不变得更具竞争性了。今后，这种趋势仍将会持续。

3. 国际航空货物运输的结构和航空企业

航空运输原本的运输主体是旅客。但是，近年来，受到航空货物增加的影响，货物运输已经成为航空企业目前重要的收入来源之一。所以，航空运输和其他运输方式相比，旅客运输和货物运输混合运输的比例比较高。根据2005年国际货物动态调查报告，日本的国际航空货物中，出口货物的52.2%、进口货物的56.3%，都是通过客机运输（通过定期旅客航空企业）完成的。受旅客运输的影响，剩下的货物用货物专用机运输（通过定期旅客航空企业和货物运输专用企业）。

航空货物按收货方法可以分为直送货物（航空公司中，发货人直接或通过代理商带入的货物）和混载货物（航空公司中，代运人从多个货主处收货并带入的货物）。从日本国际航空货物的重量等级来看，国际航空货物中约九成是混载货物。这是由于航空公司的航空货物运费体系出现了重量减轻，所以小型货物被装成大型货物（混载货物），这样能够降低运输费用，从而产生了混载的差额利益。

长期以来，航空货物运费是根据IATA（国际航空运输协会）的运费调整会议的决定，得到“货物出发和到达”的两国政府的认可来确定的。可以说是认可了卡特尔行为。但是近年来，欧盟转换了这个政策，将其作为防垄断法的适用对象。在日本，2007年1月，公平交易委员会研究了同样的政策，这一趋势受到广泛关注。

4. 航空运输的增长原因及其作用

航空货物的增长原因大致有两个：

第一，飞机等运输方式本身的技术革新。也就是说，20世纪60年代前后，出现了以喷气式货物机为代表的“更高速、更长的续航距离、更大的装载容量”的飞机，从而降低了运行成本。在世界各地建设大型国际机场，安全、高效地装载航空货物的ULD（飞机用搭载用具）的普及，也是航空货物出现增长的原因。

第二，经济活动的全球一体化。这包括消费和生产两个方面。在消费方面，企业间竞争呈现全球化，所以各个领域的技术革新快速推进。这样一来，如果有畅销商品，立即会有更高性能和更高品质的商品和低价格商品被开发、销售，商品的生命周期大大缩短了。而且，由于消费者生活方式的变化，可能对于某种商品的需求突然消失，或是被替代品取代，这促使商品的生命周期缩短。

随着商品生命周期缩短，商品被集中购买，所以企业需要减少因缺货导致销售的机会损失。但同时，由于商品更新换代加快，所以为了防止过剩设备投资和不良库存、废弃物损失等，需要尽可能减少库存，采取无库存的体制。尽力减少销售机会损失和减少库存，是难以同时解决的，需要进行取舍。所以，企业需要从整体成本的角度出发，提高生产和物流的质量。即在供应链物流管理（SCM）下，只在必要的时候生产必要的商品，将其运输到必要的地点，即即时生产和运输。即时生产运输需要多频率少量运输，所以航空运输的重要性凸显，需求增加。

现代全球化企业的活动超过了国界，它们在全球寻找每道工序和产品的资金筹措、原燃料、部件调配、劳动力调配等最合适的布局，进行高层级的国际水平分工。

企业的全球化降低了生产成本，但是生产枢纽跨越了多个国家，所以长距离运输和物流的复杂化、战争、恐怖袭击、劳务问题、传染病等风险，以及地震、洪水等天灾风险问题不断发生。这样很难进行有效的运输。

所以，SCM 需要高级和统一的信息系统进行 JIT 运输。为了切实进行全球化的 JIT 运输，需要建立可以做出适时、准确判断的高级信息系统，以及复合型的物流网络。需要具有能够在紧急和突发事件时随机应变的多样化运输方式（紧急时，快速、精确的运输是必不可少的）进行补充运输。也就是说，JIT 生产和运输作为补充运输是航空运输需求提高的原因。

（三）多式联运和转运商

1. 企业的跨国化和国际多式联运

国际多式联运（使用两种以上不同的运输方式进行国际货物运输）中的运输负责人是各个运输业者，但国际物流的促进者是推动生产和销售的全球化战略垄断企业。以美国为首的跨国企业，包括“在世界网络内的原材料和部件的采购，更廉价和丰富的劳动力，工业废弃物处理标准的级别，产品销售市场的情况等所有条件”在内，进行了能实现最有效的、利润最大化的全球跨国生产。

日本的跨国企业正在从各个层面考虑，找到最合适的布局，将销售枢纽和生产枢纽都转移到了以东亚各国为中心的国外。这样，以相关子公司跟随母公司的形式进驻国外，这些海外子公司也在推进全球化部件和成品的采购和销售。1993 年日元升值之后，利用日元升值效果的部件和半成品的海外采购也在进展中。所以，海外生产比率每年都在增加，到 2005 年时，进驻海外的企业为 30.6%，国内全法人企业达到 16.7%（见图 3－1）。

此外，随着海外生产比例的升高，从海外当地法人销售给日本产品的金额和海外当地法人从日本采购部件的金额都在增加，可以从各种数据中看出生产和销售的全球化发展（见表 3－14）。

综上所述，资本活动正在日益变得无国界，企业从跨国化到无国籍化的趋势正在加强。生产和销售的全球化对于资本来说扩展了市场，以扩大利润为目的的企业活动更加活跃。这样一来，就要求实现运输的国际化，海运、航空、铁路等各个运输部门整体上急于应对国际化。对于国际化资本活动来说，不满足于仅仅是各种运输方式的技术革新，需要实现运输部门的整体国际化。国际多式联运具有支撑国际化资本的运输部门的作用。

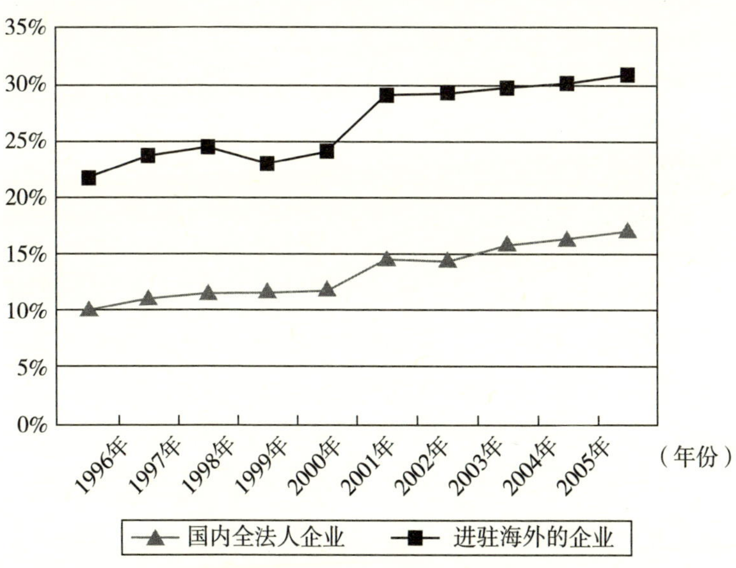

图 3－1　日本企业的海外生产比率

注：国内全法人企业的海外生产比率＝当地法人销售额/（当地法人销售额＋国内法人销售额）×100%。

资料来源：经济产业省“第 36 次海外事业活动基本调查结果概要”，2005 年

表 3-14 日本和海外当地法人的交易额

单位：10 亿日元

年份	当地法人销售给日本的物品	当地法人从日本采购的物品
1995 年	3 125	7 010
1996 年	4 642	12 553
1997 年	5 810	13 353
1998 年	4 886	12 741
1999 年	5 272	13 397
2000 年	6 113	14 216
2001 年	6 045	17 329
2002 年	6 352	15 091
2003 年	6 799	16 912
2004 年	8 460	20 525
2005 年	9 287	21 942

资料来源：经济产业省，“第 36 次海外事业活动基本调查结果概要”，2005 年

对跨国企业的国际多式联运来说，重要的是，为了满足各个企业的要求，可以从世界各地进行各种开发周期和整体成本的交通服务生产，需要国际化网络，选择包括各种运输方式、枢纽站点和仓库在内的物流设施和物流服务，并进行灵活组合。

所以，现代的跨国企业不仅需要能准确运输，还要能进行与物流相关的多样化组合，这就需要具有对物流发展有提案权和有能力的物流业从业者。

以前，国际多式联运主要是从北太平洋向北美运输货物（海运+陆运或空运）和通过西伯利亚铁路向欧洲运输货物。中国和俄罗斯的经济发展和物流的发展，改变了亚洲北部的物流

体系。为了取得通往日本海的出口，中国取得了长期使用图们江口岸的那津港（北朝鲜）的一部分权利。图们江位于北朝鲜和俄罗斯的边界，北朝鲜的木材和矿石与俄罗斯的食物和杂货在这里进行交易，对两国来说，这是很重要的地方港。中国希望使用那津港的目的是，不仅通过日本海沿岸各港扩大和日本之间的贸易，同时缩短和西伯利亚铁路之间的连接，增加向俄罗斯和欧洲运输货物的路径（海陆多式联运）。

另外，北亚的枢纽港口釜山港的作用也很重要。釜山港是北亚经济活跃和运输路径的新发展和扩建紧密结合的一个例子，但这些变化的前提是政治稳定。

2. 国际多式联运和代运人

随着国际货物运输的增加，海运企业和航空企业并不签订直接运输合同，而一般是其代运人使用船公司和航空公司等运输方式，进行货物运输。代运人“不同于船公司、航空公司、卡车企业等实际运输业者，自己并不具备运输能力，他们使用船公司和航空公司等运输方式进行货物运输”。

国际多式联运不仅需要国际的点对点运输，而且需要根据货主的要求，在短时间内为各种运输货物提供最佳物流设施和物流服务，以及运输方式的组合。

一个公司几乎不可能全具备陆海空的运输方式和信息系统。另外，海运企业和飞机业等实际运输业者，在自己公司航路的延长线上很难连接其他运输方式（很多是陆上运输），所以其机动性受到制约，可选项减少。在这个方面，代运人可以使用国际多式联运的最佳运输方式并进行组合。

铃木晓列举了代运人的5项优势：(1) 多样化途径的形成；(2) 对于货主来说，提供包括经费削减等相关运输附加服务在内的整体物流服务（集装箱的装箱、保存、通关、保险等）；(3) 低运费（联盟外船舶和铁路等低运费运输方式的使用等）；(4) 对于小型化的对应；(5) 点对点细微服务的提供。代运人今后的课题是：加强以上几点，以及国际性信息化和第三方物流。这些趋势和提高代运人的专业性、企业的独立性有关。但是，在日本的代运人中，中小企业居多，其中有些企业加盟到大型运输业的系列化中，无法独立，所以实施起来很困难。

日本的国际多式联运很多是从日本发出或在日本到达的海运，所以实质上，原本的母体是海运企业，海上代运人是其主力。其他代运人的母体是港运、仓库、陆运，其他还有商社和制造商。

日本的代运人现状是，通过全球经济的一体化和政策调控，从业者数量增加，竞争很激烈。国内物流中，在政策调控的过程中，1990年施行了《物流二法》。通过其中的《货物运输处理业务法》，首次实现了法制化。这样，实际运输业和利用运输业之间的关系得以明确，利用运输业者顺利对实际运输业者加以选择和组合。

历史较短的航空业中，代运人行业种类比较明确。而具有悠久历史、业态复杂的港口运输业，具有港口装卸这一实际运输部门，发挥海运货物处理业作用的并不是代运人。实际上，负责代运人业务的是，集装箱码头公司和大型海运货物业（海运货物处理)。原本处理海运货物的海运业中，有很多是代运人，无法独立。

之后，《货物运输处理事业法》在2003年修改为《货物利用运输事业法》。《货物利用运输事业法》主要修改的地方是：(1) 废除了运输业务的注册制度；(2) 第一类利用运输事业从许可制改为注册制；(3) 第二类利用运输事业中，海运的干线运输也加入到对象中；(4) 运费的事先申报制改为事后申报制，并进一步推进政策调控。

国外的代运人一般代替货主预约装船货物的空间，从船公司收取佣金（预订佣金)。但是，在日本的海运货物中，除了战前之外，都没有这样的制度。在日本，船公司和商社等大型货主之间形成了很强的收货关系纽带，港口运输业事业法的海运货物业以零星混载货物为中心，分担了功能。从铁路货物来看，20世纪80年代之后的政策调控对策实施后，车辆装卸货物运费降低，对小型货物货主是很不利的。这些小型货物是混载的，在用车辆装载的方式中，将运输业者和小型货物货主连接起来的是代运人。在国外的港口中，中小代运人共同组建NVOCC (无船承运人)，通过LCL集装箱货物进行收货和混载，作为FCL集装箱货物，获得了带入联盟外的船公司的容积率，提高了混载利润。这一趋势正在日本扩大。

代运人的出现是在实际运输业者间的竞争之外，将包括货物利用运输业在内的多层竞争带入到交通市场竞争中。在代运人中，很多都已经加入到大型运输业的系列化中，但实际运输部门的独立运费决定权变弱，交通管理变得更加困难。

三、枢纽站点

（一）物流的全球化和港口

枢纽站点原本是运输方式的补充设施。无论是旅客还是货物，各种运输方式是否能充分发挥其运输能力，在很大程度上取决于作为补充设施的枢纽站点的配置和功能级别。

在交通发展的同时，枢纽站点的功能也发生了改变。不仅仅是单一运输模式的“出发和到达”，还能连接各种运输方式。旅客枢纽站点（车站）中，JR 私营铁路、地铁、公交车、出租车等的连接变得重要。扩大了枢纽站点功能的同时，停车场的配置也成为运输方式使用时的便利条件。

货物运输中的枢纽站点有港口、机场、物流中心等，其功能在本质上和旅客运输是相同的。但是，如果是无法自由移动的货物，则枢纽站点的货物移动相关的劳动——装卸、枢纽站点内的搬运、包装、加工等就变得很重要了。其中，存在时间最久、具有代表性的枢纽站点是港口。

1. 根据港口功能进行分类

港口受其布局、周围经济圈等情况的影响，可以分为商港（贸易港）、工业港、大城市港、地方港等。随着快速调度的要求越来越高，对于工业原材料和半成品等工业货物运输占主流的工业港来说，“港口可以是途径点”的主张有很多。工厂货物的生产过程中没有浪费，从原材料到成为成品之前需要移动，所以港口也需要被定位为生产过程的一部分。

与工业港有所不同，以前的商港是许多货物的集散地。转运货物比率较高的港口中，不仅要求快速装卸。以枢纽站点内的保存设施，电脑进行的中转货物管理和停泊处堆场的最佳使用系统为首，港口功能中需要加强商业和信息功能。日本的神户港、横滨港曾经是亚洲各国发往欧美的货物中转港，亚洲各国的港口正在修建，神户、横滨都具有大城市港口的特点，但几乎没有中转港的功用。

同时，以六大港为中心的大城市港口，具有大城市消费地，搬运货物的大部分都用于腹地城市圈内的消费。因此，这种情况下，必须具有不同于上述工业港与中转地的功能。一般情况下，大城市港口的运出货物的腹地比运入货物的腹地更广。并且，进口的鱼类、生鲜食品、水果、插花等，常常由深夜卡车运输到商业交易中心东京、大阪。大城市港口的特征是运入货物的品种很多，而运出目的地的范围很广。

大城市港口的特点是确保港口通关货物的安全性，强化检查体制。包括食品检查在内，需要扩建检查有毒有害物质、反社会性货物的功能。因此，这样的港口不能仅仅是“货物的中转站”，更需要加强检查、检疫、消毒、管理等港口服务功能。

根据港口的特点，港口各项产业的功能和作用有所差别，现实的具体港口政策也有所不同。例如，根据的政策调控的方法，针对点对点的工厂货物和与市民生活直接相关的货物工业港、中转港、大城市港分别采取了不同的政策调控方法。

在日本，大城市港口经常会带有工业港口的功能。这是临海工业地区和大城市港口相邻的地理特点造成的。但是现在临海工业地正在缩小，大城市港口和工业港口之间的功能分工正在日益明确。

港口的外贸和国内贸易的货物处理量在20世纪90年代之后就没有大的变化。而且，外贸和国内贸易的处理量也几乎相同（见表3－15）。比较前几名港口的处理量，原材料装卸的工业港口名列前茅，名古屋港的集装箱吞吐量位列第一，同时具有工业港的功能（见表3－16）。

表3－15　港口装卸货物量的变化

单位：万吨

种类	1950年	1960年	1970年	1980年	1990年	1999年
合计	11 854	43 994	185 255	290 862	325 198	308 690
外贸	1 783	10 703	55 291	82 836	96 897	108 972
其中进出口集装箱	—	—	636	4 903	11 528	17 217
出口	417	1 482	5 990	15 255	17 114	20 087
其中出口集装箱			390	2 909	6 257	7 875
进口	1 366	9 221	49 301	67 581	79 783	88 886
其中进口集装箱	—	—	247	1 994	5 271	9 343

续表

种类	1950年	1960年	1970年	1980年	1990年	1999年
国内贸易	10 072	33 290	88 160	123 824	127 895	114 191
国内航运渡轮	—	—	41 804	84 202	100 406	85 527
种类	**2000年**	**2001年**	**2002年**	**2003年**	**2004年**	**2005年**
合计	317 770	309 393	306 724	309 991	316 786	317 303
外贸	113 740	111 629	112 699	117 904	121 203	122 634
其中进出口集装箱	19 134	18 755	19 299	20 453	22 436	23 172
出口	20 324	20 020	22 366	22 975	24 936	26 066
其中出口集装箱	8 260	7 794	8 277	8 732	9 718	10 021
进口	93 416	91 609	90 333	94 929	96 267	96 567
其中进口集装箱	10 874	10 961	11 022	11 721	12 718	13 161
国内贸易	120 127	116 369	113 792	112 604	113 674	114 693
国内航运渡轮	83 903	81 395	80 233	79 484	81 909	79 976

注：1. 铁路联络船装卸的货物除外。

2. 出口和进口的货物包括远洋航行轮渡的货物。

3. 国内贸易中，国内航运轮渡的货物除外。

4. 集装箱显示了集装箱和机架的合计，是国内数字。

5. 集装箱的数据1990年之前由国土交通省港口局计划科统计。

资料来源：国土交通省综合政策局信息管理部，《港口统计（年报）》

表 3-16　港口装卸货物量排名（2005 年，前 100 位的港口）

单位：千吨

排名		港口名	总货物量	出口	进口	国内贸易	国内航运渡轮
2005 年	2004 年						
1	1	名古屋	187 134	46 720	75 243	61 482	3 688
2	2	千葉	165 715	8 586	88 920	68 209	—
3	3	横滨	133 280	37 940	42 248	53 092	—
4	5	苫小牧	107 747	946	19 581	25 694	61 525
5	4	水岛	102 059	7 905	52 923	41 232	—
6	6	北九州	101 706	6 782	24 630	28 267	42 026
7	7	川崎	93 218	5 923	51 257	34 447	1 592
8	8	大阪	93 142	10 211	25 424	20 168	37 339
9	9	东京	92 032	18 717	27 792	29 842	15 681
10	10	神户	91 182	20 055	25 648	19 803	25 676
11	11	堺泉北	73 048	3 061	24 419	34 189	11 379
12	16	大分	66 400	4 115	31 698	21 672	8 915
13	14	德山下松	66 238	3 488	20 301	40 102	2 348
14	13	喜入	65 856	—	32 656	33 200	—
15	12	木更津	64 756	2 553	39 879	22 323	—
16	15	四日市	63 099	3 998	39 065	20 036	—
17	17	鹿岛	60 483	3 764	36 489	20 230	—
18	18	高松	51 731	77	251	1 868	49 536
19	19	宇野	51 471	116	1 001	2 504	47 850
20	21	鹿儿岛	47 982	8	1 364	6 126	40 483

注：1. 进出口货物包括用远洋航行渡轮运输的货物。

2. 国内贸易中，国内航运渡轮运输的货物除外。

资料来源：国土交通省综合政策局信息管理部，《港口统计（年报）》

2. 集装箱码头的修建

20 世纪 70 年代，美国从“军需运输”转为在全世界普及的海上集装箱，使港口功能发生了巨大变革。从以前的装卸形态，转变为用集装箱起重机将统一规格的集装箱进行机器装卸，从而大幅缩短了装卸时间，减少了劳动力，显著提高了装卸效率。在日本，外贸码头公共团体推动了集装箱码头的建设，竣工后的集装箱码头将专门租借给其使用者——船舶公司，码头管理采用全新的管理方式，由船舶公司进行管理。公共团体解散后（1981 年），其业务转给码头公用事业公司。这样就形成了以杂货为中心，机器、汽车部件、生鲜食品等装在集装箱中，除了材料、零散物品之外，几乎所有的货物都用集装箱运输的局面。

20 世纪 80 年代后半期，受“地方时代”的影响，日本在北九州、博多、四日市、清水、富士等 63 个沿岸港口建设了集装箱码头（2003 年）。这些地方集装箱港口的主体是港口管理者，大多以地方财政为基础，由民间资金建设。特别是和中国、韩国、俄罗斯、东南亚各国距离比较近的国家开通了小型集装箱船航行。地方城市中有集装箱港口，给人一种“开放的国际城市”的印象。但是，由于企业进驻海外和产业结构的变化，港口货物的数量很难增加。尽管有的地方港口没有详尽的预测需求，但仍给码头修建投入巨额税金，被称为“巨大的挖掘”。也有不少地方港口和地方经济联系密切，使港口活动发展活跃。

表 3－17　世界各港口的集装箱吞吐量排名

单位：TEU

排名	港口名	2004 年	港口名	2005 年
1	香港（中国）	21 984 000	新加坡	23 192 200
2	新加坡	21 329 100	香港（中国）	22 427 000
3	上海（中国）	14 557 200	上海（中国）	18 084 000
4	深圳（中国）	13 655 500	深圳（中国）	16 197 173
5	釜山（韩国）	11 491 968	釜山（韩国）	11 843 151
6	高雄（中国台湾）	9 714 115	高雄（中国台湾）	9 471 056
7	鹿特丹（荷兰）	8 280 786	鹿特丹（荷兰）	9 300 000
8	洛杉矶（美国）	7 321 440	汉堡（德国）	8 087 545
9	汉堡（德国）	7 003 479	迪拜（阿联酋）	7 619 222
10	迪拜（阿联酋）	6 428 883	洛杉矶（美国）	7 484 624
11	安特卫普（比利时）	6 050 442	长滩（美国）	6 709 818
12	长滩（美国）	5 779 852	安特卫普（比利时）	6 482 061
13	科隆港（马来西亚）	5 243 593	青岛（中国）	6 307 000
14	青岛（中国）	5 139 700	科隆港（马来西亚）	5 543 527
15	纽约－新泽西（美国）	4 478 480	宁波（中国）	5 208 000

续表

排名	港口名	2004 年	港口名	2005 年
	东京（21）	3 358 257	东京（22）	3 593 071
	横滨（27）	2 717 631	横滨（27）	2 873 277
	名古屋（32）	2 303 541	名古屋（34）	2 491 198
	神户（36）	2 176 830	神户（39）	2 262 066
	大阪（49）	1 725 565	大阪（51）	1 802 309
	博多（108）	611 184	博多（110）	666 848
	北九州（130）	472 439	北九州（135）	483 799

注：1. 出口和进口（进出口）的合计值。
2. 实际使用的集装箱和空集装箱的合计值。
3. 包括运输货物。
4. 2004 年以前是确定值，2005 年是暂定值。
5. 括号内是第 15 名之后，日本各港口的排名。

根据表 3 - 17 所示，目前亚洲各国，特别是中国和韩国，为应对迅速增多的港口货物量，正在加紧建设大型的深水集装箱泊位（典型例子是上海大洋山港）。这些港口正在凸显和新加坡、中国香港一样的亚洲枢纽港的地位。日本这一曾经是集装箱发达的国家在亚洲的地位正在下降。为遏制这种趋势，政府正在实施超级枢纽港计划。为了使可容纳装载 8 000 ~ 10 000 个集装箱的集装箱船靠岸，缩短港口吞吐货物的处理时间，降低 30% 的港口成本，日本政府在三大港正在加紧建设超大型枢纽港口（实际是超大型枢纽码头）。关于超大型枢纽港口，请参照“附录”。

（二）国际货物运输中机场的作用

1. 机场的现状

根据世界上各国机场的国内外货物吞吐量排名（见表3-18），美国的机场以丰富的国内航空货物量为背景，占据前几名。其中，FedEx 的枢纽机场（“集线器和辐条系统”的中心机场）——“孟菲斯”国际机场，其货物吞吐量居世界第一。

关于国际航空货物吞吐量，亚洲地区的机场占据前三名。分别是香港国际机场、仁川国际机场、新东京国际机场（成田机场）。日本的代表性国际机场成田机场，在 1990 年是世界第一，2006 年降至世界第五，这是东亚各国国际机场建设发展的结果。

日本国际航空货物主要由第一类机场（国际航空路线中所需的机场）的成田、关西国际（关西）、东京国际（羽田）、大阪国际（伊丹）、中部国际（中部）处理，每年的货物吞吐量都在增加，预计将来还会增加。

关于日本机场每 5 年的国际航空货物吞吐量的情况：1990 年之前，成田机场的吞吐量占全部吞吐量的 85% 以上，呈现一极化；1995 年之后，由于 1994 年 9 月关西机场开始通航，所以关西机场所占的比例有所上涨；2005 年，成田机场的吞吐量占比为 66%，关西机场的吞吐量占比为 24%，呈现两极化（见表3-19）。

表 3－18　各机场的国际国内货物吞吐量排名（2006 年）

单位：千吨

排名	地区/机场名	国际国内货物吞吐量	地区/机场名	国际货物吞吐量
1	孟菲斯/孟菲斯	3 692	香港/香港	3 579
2	香港/香港	3 610	首尔/仁川	2 308
3	安克雷奇/安克雷奇	2 691	成田/成田	2 236
4	首尔/仁川	2 337	安克雷奇/安克雷奇	2 130
5	成田/成田	2 280	法兰克福/法兰克福	1 997
6	上海/浦东	2 168	新加坡/樟宜	1 911
7	巴黎/戴高乐机场	2 131	巴黎/戴高乐机场	1 832
8	法兰克福/法兰克福	2 128	上海/浦东	1 829
9	路易斯维尔/斯坦福特	1 983	台北/桃园	1 686
10	新加坡/樟宜	1 932	阿姆斯特丹/史基浦机场	1 527

资料来源：ACI 主页

从国际航空货物的流动范围来看，成田机场的进出口都以静冈县以北为腹地，也运送其他地区的一部分货物。关西机场以关西城市圈以南的本州为腹地。其他机场的腹地只是其周边地区，是有限的。这是需要重点建设大型国际机场的原因之一。

2. 机场相关的问题

机场相关问题大致分为建设问题、资金和经营问题、环境问题、安全问题。

（1）建设问题。

根据全国综合开发计划，日本的机场建设实施了从第 1 次到第 7 次（1967 ~ 2002 年）的机场建设 5 年（7 年）计划。机场建设 5 年计划的重点是进行机场建设，以应对航空需求的增加。这只是根据现状实施政策，而不是国家性战略。

表 3－19　各机场的国际航空货物吞吐量的变化

年份	成田机场		大阪·关西国际机场		其他机场		年货物量合计(吨)
	货物量(吨)	比例(%)	货物量(吨)	比例(%)	货物量(吨)	比例(%)	
1970 年	101 291	92	8 096	7	911	1	110 298
1975 年	263 388	88	28 901	10	5 354	2	297 643
1980 年	455 362	86	63 680	12	11 993	2	531 035
1985 年	758 377	87	99 533	11	14 939	2	872 849
1990 年	1 346 033	85	164 065	10	70 914	4	1 581 012
1995 年	1 599 629	75	360 917	17	165 429	8	2 125 975
2000 年	1 849 549	63	866 378	30	210 753	7	2 926 680
2005 年	2 117 161	66	748 562	24	319 492	10	3 185 215

注：1. 关于成田机场货物吞吐量，1975 年以前是东京国际机场的数值，1980 ~ 1985 年是成田机场和东京国际机场的合计值。

2. 1994 年大阪国际机场的货物吞吐量包含了关西国际机场的货物吞吐量。

资料来源：出入境的航空货物统计

所以，建成国内航空网络之后，由于地区的要求和政治上的判断，日本又持续投资了地方机场。由于持续建设了过多的地方机场，而大型国际机场的建设没有得到重视。

结果，以成田机场为首的大型国际机场变得很拥挤，飞机、旅客和过多的货物（成田机场曾经由于拥挤而拒绝乘客登机），影响到了跑道和周边空域的安全。

2003 年之后，以社会资本建设重点计划法为基础的社会资本建设重点计划得到确立和实施。在社会资本建设重点计划（2003 年）中，机场建设被定位为“能强化日本国际竞争力的生命线”，重点建设大城市圈的机场（成田机场、羽田机场、关西机场、中部机场）。

2007 年，关西国际机场的二期工程完工，成田机场暂定的平行跑道向北延展（2 500m）工程和东京国际机场（羽田机场）的再扩建（第 4 条跑道）工程正在建设。但是，基于以上现状，今后的航空需求将不断增加，所以成田机场和羽田机场的拥挤状态将难以缓和。因此，需要在掌握日本现状的基础上，根据国家战略制定符合现状的机场政策。

（2）资金和运营问题。

众所周知，机场建设投资巨大，耗时较长，所以不可避免地需要优先投资，并投入公共资本（一部分或全部）。

正因为需要进行巨额的优先投资，所以机场的经营变得困难。因此，以怎样的方法建设，如何调配资金，资金筹措方法（包括计息负债、非计息负债、出资）以怎样的比例进行建设，之后的利息负担会变化，以上这些因素在很大程度上影响了开港后机场的运营情况。

在日本，成田国际机场株式会社设立和管理成田机场，中部国际机场株式会社设立和管理中部机场，关西国际机场株式会社设立和管理关西机场，这些都是独立机构。

关西机场、中部机场都是海上机场。成田机场是陆地机场，其土地费用很高，因而建设费也是水涨船高。此外，机场会社建设了上等设施和普通设施（关西国际机场株式会社建造、拥有并管理了机场设施以及关西国际机场联络桥），所以和邻国的机场相比，建设费用相当高。

关于机场建设的财政来源，一部分是由国家和地方自治体出资的，但大部分是计息资金、非计息资金（负债），这些资金由机场公司本身调配。此外，除了关西国际机场的二期工程之外，机场所有建设费的60% ~80%由计息资金（负债）维持。所以，开港后的机场经营需要支付建设费的利息，因而经营困难。

参照各个邻国的机场建设方法和资金筹措方法，它们的土地费用低廉，并且很多是陆地机场。另外，关于资金筹措，韩国仁川国际机场建设资金的37%是由国家经费补助的。中国所有机场的土地都归国家所有。新加坡的土地和设施虽然归个人所有，但这些土地和设施原本是政府转让给个人的，所以得到了优待。而日本机场的着陆费和机场使用费比国外高了很多（见表3－20）。

表 3－20　东亚各国的机场建设费

国家/地区	机场名	建设费（亿日元）
日本	成田国际机场	19 700
日本	关西国际机场（一期工程）	15 000
日本	关西国际机场（二期工程地下建筑）	10 000
日本	关西国际机场（二期工程地上建筑）	4 200
日本	中部国际机场	7 680
中国	浦东国际机场	2 700
中国香港	香港国际机场	6 380
韩国	仁川国际机场	4 980
泰国	新曼谷国际机场	3 200
马来西亚	吉隆坡国际机场	4 464

资料来源：国土交通省网站首页

（3）环境和安全问题。

机场的环境问题包括噪声污染和大气污染等。其中，噪声污染是最大的问题。所以，近年来，为避免噪声污染，海上机场应运而生。但是，海上机场在布局方面可能引起水质污染，所以要加强监控。

安全方面的问题有两个。

一是关于国际机场作为“通往国外的门户”的作用。国际旅客出入境和国际货物进出口时，必须分别进行安全检查。

为进行安全检查，国际机场有 CIQ 设施。C 是指 Custom（海关），包括进出口货物的通关、关税的征收、危害社会的物品（枪支、麻醉毒品等）的调控。I 是指 Immigration，对外国人和日本人的出入境审查。Q 是指 Quarantine（检疫），包括传染病预防检疫，以及进口的动植物的检疫。这些是由政府控制和运营的，不会给机场的收益和费用带来影响。但是，作为机场顾客的代运人和航空货物的货主，要重视点对点的运输时间，所以 CIQ 花费的时间也被视为检验机场质量良好与否的标准。所以，立志成为物流大国的各国，要将“CIQ 设备的信息化和发达化、手续的简单化”作为国家政策，努力缩短 CIQ 花费的时间。另外，要学习新加坡那样，只规定了几种关税品种、在法律上和制度上给予优待的政策。但是，世界形势尚不稳定，整个国际社会都盼望对进出口货物加强安全检查，加强管理和限制。

二是交通运输中会发生的交通事故。在航空方面，可能会发生航空事故，但和其他交通事故相比，事故发生概率很低，然而一旦发生事故，就损失惨重，消费者（顾客）的生命都有可能得不到保证。例如，航空通过公共财产“大气”进行运营，所以有可能会经过民宅的上空。这样，如果发生航空事故，不仅仅是消费者，许多无辜的第三者也可能被牵涉其中。所以，需要政府加强安全管理和调控。

3. 机场的作用和今后的课题

在所有运输方式中，航空运输是最快速的运输方式，由于种种原因无法进行航空运输时，没有替代的运输方式，无法如期送达货物。所以，人们强烈要求航空运输准时、快捷。作为航空运输枢纽站点（整个枢纽站点，包括不同交通方式的连接点发生的劳动及其地点、设施）的机场，需要准确、快捷地将货物从飞机转到其他运输方式上。

所以，在硬件方面，需要扩建基础设施（跑道等），以应对飞机跑道上难以预测的事故和不良天气，并扩建陆路和海路到达机场的方法，以及快速合理地完成装卸和包装等物流作业。

在日本的大型机场中，关西机场和中部机场都是海上机场，作为陆上机场的成田国际机场由于周边地区的环境问题，机场用地面积狭小。所以，货物码头库房等物流设施不够完备，移动货物的效率比较低。例如，成田机场中，货物装卸设施有 15 幢，而在货物地区分为两个。机场内的货物移动效率比较低，装卸很耗费时间，并且，处理时间延长，卡车等候时间延长，成本上涨，亟须得到改善。而中部国际机场，从运营阶段开始，地区就和机场一起进行开发并实施，这一点是很好的。

在软件方面，通关业务、运输证发行等国际多式联运的文件事务手续的办理，需要简单和高效。在日本，虽然引入了通关信息系统 NACCS，使手续办理快捷，但由于关税法的规定，货物进出口时，进出口货物都需要运到保税地区，之后进行进出口申报，并要得到海关的许可。从货物的到达到交付为止，时间仍很长。如果能像美国和欧盟那样取消了“搬运到保税地区”的制度，无论哪里都可以通关，那么就能使手续办理变得更简单快捷。但是，进口货物需要强化安全管理，其安全性比高效和快捷更加重要。

此外，由于是国际运输，所以为了进行准确迅速的运输，不仅是本国的机场，目的地国家的机场建设情况和服务质量也要实现标准化。今后，机场间的技术合作和人才培养也很重要。

另外，在灾难发生时，航空运业要能进行紧急运输，以及支援JIT即时生产和运输，具有补充运输的作用，所以不限定于特定货物，一般由海上货物运输的各种货物根据情况由航空运输，也就是说，同种类的货物可以根据情况采用海运或航空运输。

之前，关于枢纽站点的定义包括在不同交通方式的连接点发生的各种劳动及其地点和设施的整个枢纽站点，但这里的枢纽站点包括机场周边的物流设施。这样考虑的话，希望机场和港口靠近并进行合作。关于信息系统（包括NACCS），希望建设能满足陆海空所有运输方式的要求，采用统一的信息系统。另外，希望在机场和港口的周边，设置很多能同时处理航空货物和海运货物的完善的物流设施和物流公司。

第四章
物流环境

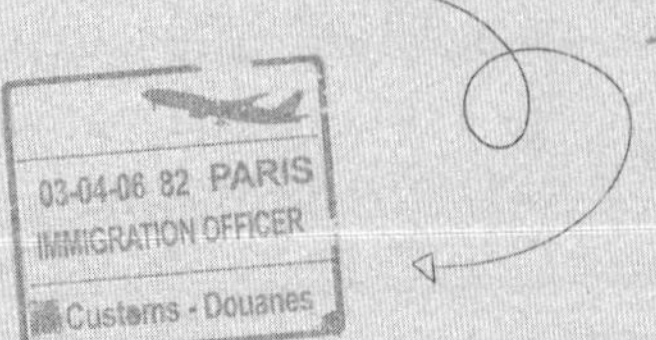
03-04-06 82 PARIS
IMMIGRATION OFFICER
Customs - Douanes

一、环境反映的物流

（一）地球环境和汽车

由于地球变暖，世界各地的气候都发生了变化，整个地球都需要应对这种情况。加勒比海飓风、非洲干旱、亚洲水灾，这些都表现为自然灾难，但事实并不是这样简单。2007 年“联合国政府间气候变化专门委员会（IPCC）”的报告指出，世界平均气温上升，很大程度上是人为造成的，和世界各地的自然灾难的发生是有关系的。

20 世纪 70 年代东京等大城市出现“光化学烟雾”，日本对汽车公司实施尾气限制，促使其完善汽车消声器，以及停止空转。东京都有制定“东京都污染防止条例”的经验。

但是此后，汽车数量持续增加，从 1970 年的 1 758 万辆增加到 2004 年的 7 465 万辆，增长了大约 3.2 倍。与国际各国进行比较，韩国、中国和印度等国的增长率差别很大（见表 4－1）。

如果继续这样放任不管，就会逐渐走上“地球和人类共同灭亡之路”。21 世纪最大的任务就是如何减少二氧化碳排放。

表 4－1　世界各国的汽车保有量

单位：千辆

年份	美国	英国	法国	日本	韩国	中国	印度
1970 年	108 418	13 565	14 391	17 581	128	487	1 041
1975 年	132 948	15 987	17 932	28 090	193	946	1 215
1980 年	155 796	17 350	21 720	37 856	527	1 680	1 666
1985 年	177 653	22 210	24 090	46 157	1 113	2 887	2 536
1990 年	188 655	26 411	26 214	57 697	3 394	4 776	3 972
1995 年	201 530	28 170	27 932	66 853	8 468	10 400	6 058
2000 年	221 474	31 423	33 813	72 649	11 164	16 089	7 430
2004 年	237 000	34 086	36 039	74 655	11 825	26 937	12 834
2004 年/1985 年	1. 33	1. 53	1. 49	1. 62	10. 62	9. 33	5. 06

资料来源：《2006～2007 年汽车年鉴》（日刊汽车新闻刊载）

日本的二氧化碳排放量（直接排放量）按照各部门划分，能源转换部门大约占三成，产业部门大约占四成，运输部门大约占两成。

运输部门占二氧化碳排放量的两成，表明该部门在减少二氧化碳排放量方面取得了很好的效果。并且，两成中的 90% 是由汽车排放的，而铁路的二氧化碳排放量只有汽车的 1/10。根据这一数字，可以了解到模式转变的有效性。

为减少汽车二氧化碳的排放量，各国正在提高燃料效率，这是措施之一。混合动力车具有提高燃料效率的效果，但是成本很高。轿车的小型化也能减少二氧化碳排放量。近年来，小型车受到欢迎，主要是因为油价增高，且小型车也比较环保。但由于是轿车，不适合作为物流中的卡车。近年来，随着物流量的增加，卡车变得越来越大。以“成本减少和大量运输”为前提的卡车运输，如何应对环境问题，是一个重要的课题。

（二）日本的“绿色物流”政策

很难正确计算出在同一条道路上行驶的轿车和卡车的二氧化碳排放量。但是，陆路运输海上集装箱的大型拖车排放的二氧化碳达到了轿车的几倍甚至十几倍。在政府的物流政策中，也提及了“推进绿色物流”的任务，物流部门终于加强了对环境的关注度。

2005 年在内阁会议上决定的“综合物流政策大纲”（2005 ~ 2009 年）中，以“构建可以降低环境负荷的物流体系，建立可持续发展的社会”为题，将家用卡车运输转换为高效的营业用卡车运输，引入低污染车，以模式转变和 IT 推动物流系统整体优化，从而减少运输部门货车的二氧化碳排放量。此外，通过“特别措施法”，对首都地区和近畿地区的柴油车进行管制。

与此同时，综合物流政策推进会议发表的“今后应推进的具体物流政策”中主要有以下四点：第一，实现快速、无缝衔接、低廉的国内外一体的物流；第二，实现“绿色物流”等环保型物流；第三，实现重视需求的高效物流系统；第四，实现支撑国民生活的安全、安心的物流系统。这四点是难以调和的课题，特别是第一点和第二点的矛盾点很多，但以前没有采取积极的物流政策，以保护环境。

推出高效且对环境污染很少的绿色物流时，要求货主和物流业者成为一体，转变模式，引入低污染车，重组物流基地，实现合理化，促进3PL，引入电子标签等，这些都不是能够马上解决的课题。要实现环保型物流，常常不得不牺牲高效和速度。

以“迅速、便宜、正确”为目标的物流，其座右铭是“货主的基本要求”。但如果不明确企业和物流业者如何履行对环境的社会责任，绿色物流只不过是一句口号。

例如，即时生产运输和“在工厂内不设置仓库”的零库存方式结合时，会增加卡车数量，从而成为一个环境问题。如果是家用卡车，有很多单程运输，也不够环保。物流货物包括紧急货物和不紧急货物，如果可以根据货物紧急度进行运输，则对环境的影响就会减少。在这样的事例中，物流方如果能充分使用IC标签，就会很有效。

“今后应推进的具体物流政策”提到了逆向物流的重要性。可持续发展社会的实现条件是，由企业、工厂、地区（包括家庭）制定回收利用的规则。希望构建能够满足这个要求的运输系统，逆向物流的卡车并没有大量排放大气污染物，电动汽车等使用清洁能源的运输工具得到了运用。

（三）模式转变实例

目前，日本国内物流业务90%是由卡车承担的。模式转变时，使用汽车以外的运输方式，可以避免交通堵塞，减少二氧化碳排放量，但实际上由于各种条件不够完备，难以执行。曾经有过试验，将东京的卡车运输转换为河流船运。2001年，在静谧的住宅区北区堀船的隅田川沿岸规划日本最大的报纸印刷工厂时，居民呼吁用货船水运该工厂的相关货物。“酸雨调查研究会”进行了隅田川船运试验。“从国外和北海道运来的新闻卷筒纸从品川码头运到北区堀船”，与“用49辆11吨卡车进行陆地运输，以及用船舶（180吨）运送”进行比较，调查了其速度、燃料消耗量、二氧化碳排放量、成本以及对人们生活的影响。结果表明，卡车运输用时1小时20分钟（由于堵车），河流船运用时1小时5分钟（货物装卸时间除外）。这说明，运输重物时，利用浮力进行运输的船比较有利。船的二氧化碳排放量是卡车的1/10。目前，报纸印刷工厂营业了，但没有使用船运。不过，工厂建设材料的运输是用的船运。

从可以进行点对点运输的卡车的优势来看，模式转变并不是很容易推进的。但是，在今后开辟道路方面，需要通过小规模运输，以尝试其可能性。

（四）道路资金和环境

环境税的概念尚未确定。为控制对环境造成的负担，不仅要依靠一直以来实行的限制，而且要通过征收环境税，抑制地球变暖。

在日本，为保护世界遗产（白神山地）和国立公园（尾濑之原）等自然环境，设置了禁止车辆行驶的地区。另外，新加坡实施的拥挤税，在进入市中心的道路上设置路障，建设停车场，促使人们通过换乘公共交通（停车换乘方式）进入市中心。政府向忽略这一点而进入市中心的车辆征税。通过推行拥挤税，新加坡改善了市中心的环境。此时，拥挤税原本的目的是为了消除市中心的拥堵，而改善环境是其副产物。

基于受益者负担的原理和道路建设和养护的目的，日本政府向道路使用者和燃料使用者征收道路专项费，其历史很悠久（征收道路专项费是在1954年实行的）。道路专项费包括汽油征税的挥发油税、轻油交易税、汽车取得税、汽车重量税等。道路专项费产生的收入占道路投资额的一半以上，是道路建设必不可少的资金来源。日本列岛的道路建设成为主要任务并正在推进的情况下，道路专项费的一般资金化登上了政治舞台。挥发油税原本是每升28日元，而1974年石油危机后，临时决定了油税暂定税率，之后多次延长和增税，增长了大约2倍。另外，挥发油税和地方道路税一起统称为汽油税。该暂定税率截止到2008年3月，所以在国会上作为政治议题引起争议。在油价上涨影响到生活的情况下，舆论的监督也很严格。

关于道路专项费作为一般资金转入，尚有辩议的空间，即道路专项费是否能用于道路建设，以及用于解决汽车排放的二氧化碳等污染问题。

神户地方法院做出判决的10年后，也就是1995年7月，最高法院对国道43号线所提出的诉讼案，做出了认定噪声侵害和国家赔偿责任的判决。神户地方法院驳回了禁止阪神高速公路建设的申请，但最高法院判决书中认为制定该道路建设计划时，应该可以预测到将来造成的污染。在同一时期，大阪地方法院对于大阪西淀川大气污染诉讼（以国道43号线和周围10家工厂为对象的污染诉讼）的判决中，认为汽车尾气对人体健康有影响，原告方胜诉。

此后，在全国各地的道路污染审判中，出现了受害者强烈要求“禁止”判决。起先，道路公共团体和近畿建设局认为“污染是行驶在道路上的汽车引起的，和道路建设者以及道路管理者无关”，但这两次判决推翻了他们的主张，抵制道路污染的活动起到了很大的作用。

二、物流和道路污染

和交通发展带来的便利不同，物流还产生了许多社会性损失和社会性费用，即交通公害引起的环境破坏。铁路、海运、航空都带来了交通污染，但和市民生活最密切相关且受舆论批判的是汽车和卡车引起的道路污染。在此以国道43号线的道路污染为例加以分析。

国道43号线和阪神高速神户线的污染诉讼，是从1976年8

月开始的。原告浜村直太郎（1977年12月过世）等150人向神户地方法院起诉国家和公共道路管理局。10年后的1985年7月，地方法院做出判决，之后移交到大阪高等法院继续审理。1989年，我在大阪高等法院作为原告方的证人，作证上述道路作为物流干线公路的作用、每年更加严重的道路污染的实际情况，以及减少污染的必要性。此时，和受害方辩护团之间的争论焦点是道路公共性相关问题。我认为，道路污染诉讼的任务是如何解决“给沿线居民带来巨大痛苦的实际情况”和“道路的公共作用”之间的矛盾。我对这一部分进行了重点作证。

(一）国道43号线、阪神高速诉讼

国道43号线是1963年1月开通的。相对于现在的国道2号线，该道路被称为旧国道，在东神户地区的道路上有很多当地的商店。芦屋地区有中小学和宁静的住宅区，西宫地区在空袭之后被规划为公园道路。尼崎地区的西半部是小住宅集中地，东半部是和大阪西淀川接壤的阪神工业地区。本诉讼的原告大部分是尼崎地区沿路的居民，受污染患者数量最多。

国道43号线的中央部分建成高架道路的阪神高速汽车专用道，在1970年开通了神户到西宫之间的区段，次年（1971年），西宫到大阪之间开工建设。从武库川的左岸到尼崎市中心地区的一带是住宅密集地区，而国道43号线开通后，受噪声、振动、尾气污染、交通事故和所有交通灾难的影响，出现了很多哮喘患者，所以该地区的居民对道路污染问题反应很强烈。

1972年8月，国道43号线尼崎市沿线的居民开始静坐示威，反对阪神高速和大阪到西宫区间的建设。同年9月，他们向神户地方法院尼崎分院申请暂时停止工程建设。该暂时处理申请被驳回，但居民对于环境权的主张得到了认可（1973年），裁定如下：

国道43号线的限速从60码改为50码（1973年7月），阪神高速和神户—西宫间（若宫以东）的限速从70~80码改为60码（1974年3月），并且国道43号线限速从50码改为40码（1977年3月）。日本于1976年制定了居民家隔声工程补偿标准。

这种减速措施并不是减少卡车和私家车的有效手段，受道路污染困扰的居民组成了"国道43号线、阪神高速公路污染审判"原告团，向神户地方法院提起诉讼（1976年）。

在长久的审判过程中，1979年8月，原告方停止了2 566天的静坐示威。两年后的1981年6月，阪神高速和大阪—西宫线开通了。

神户—大阪间的国道43号线和高架道路阪神高速的全线开通，加剧了沿线居民的痛苦。环境厅于1983年进行的"汽车噪声实际情况调查"中，判定国道43号线的所有测量点都超标了。国家和县政府开始研究车道缩减的措施。结果，国道43号线两端的一号车道，从晚上22时到次日早上6时，作为自行车专用道，禁止汽车驶入，但对于不断增多的车辆没有起到实际控制作用。如果汽车不遵守该措施，限速和夜间沿线车道关闭就没有什么效果。在经济高速增长之后，卡车和轿车数量都持

续增加，每天行驶的车辆超过了10万辆，成为阪神之间的物流大动脉，同时也作为道路污染严重的公路而闻名。

（二）神户地方法院判决的内容

1985年，神户地方法院判决驳回了“工程停止”请求，以及原告方主张的“超过容忍限度的受害”，要求国家承担赔偿责任（原告121人一共索赔1.5亿日元）。“工程停止”请求驳回的原因是噪声、二氧化碳引起的受害原因很多，不能断定是汽车引起的。对于原告方的“工程停止”请求依据之一的人格权（每个人的权利），由于对污染、噪声、振动做出规定，所以驳回原告方的主张。争论的焦点之一是，这些道路污染的程度是否超过了居民的容忍限度。判决表示，国道43号线的噪声不是全国范围内最高的，侵害行为是间接的，噪声是随着距离递减的（每延长25米降低10分贝）。对于尾气，是地点的原因，因为污染物质而有所不同，所以无法认定随着距离而递减。

判决书认为，“本诉讼中的道路给包括大阪和神户在内的周边地区的交通和工业活动带来了极大的便利，在没有任何替代措施的情况下，如果停止通行，带来的影响难以估量。”这里的“道路具有的公共性”成了争论焦点。同时，判决书指出，国家实施的隔声工程等防受侵害措施的效果由于交通量的增加而削弱了，限制大型车通行是必不可少的，尽早推出措施防止居民受到侵害是可行的。

关于损失赔偿要求，“只有通过沿线居民等少数人的特别牺性才能实现公共性”，公路边 20 米以内的范围都超过了容忍限度。“抚慰金是为最低限度的受害者提供的，相同金额是公平适当的”。具体的抚慰金金额，是根据和沿线居民的距离而确定的。

地方法院判决认定了原告方的受害情况，在要求国家承担损失赔偿责任这一点上，说明其认识到了道路污染的严重性。但是，一方面，对于驳回“工程停止”请求的原因，除了汽车引起的之外，还存在多个污染源，回避了“只将责任认定为汽车”，这一点表明了道路污染审判的难度。判决中表明，“只有沿线居民等少数人的特别牺牲才能实现公共性”，触及了道路的公共性问题，同时作为驳回“工程停止”请求的正当依据，必须注意到强调“提供了巨大便利”和干线公路对国民经济和国民生活的重要性之间的矛盾。也就是说，需要对道路的“公共性”进行更明确的论证。最高法院的判决中认为，“制订该道路建设计划时，应该可以预测到将来造成的道路污染”，对可以预测到造成污染的道路的建设工程方式表示了一定的理解。

三、国际海上集装箱运输安全保障

（一）《运输安全法》和事故责任

安昙野旅游巴士的滑雪客 27 人伤亡事故后，媒体报道了运输业的调控政策情况及其结果。2005 年，发生了福知山线脱轨事故。这几年事故剧增，运输事业法中引入了“运输安全管理”

制度，从2006年10月开始施行《运输安全总括法》（统称）。

“运输安全管理”中规定：（1）由管理层主导，根据安全优先的策略，建立从管理部门到现场的一体化安全管理体制；（2）为确保运输安全，制定安全管理规定，提交给国土交通大臣；（3）为了让业者具备安全优先意识，选择有必要责任和权限的安全统括管理者，提交给国土交通大臣；（4）对于是否正确实施了安全管理，至少每年进行一次内审。另外，国家为促进审查，应以相当于外审的角度进行安全管理评价。

该法如果反映实际情况并发挥作用，则运输工人的工作条件将得到改进，车辆状况得到完善。但是，上述滑雪巴士事故显示了事故背后隐藏的真相——租下巴士的旅游公司的运费下调要求，以及中小巴士拥有者间的恶性竞争。很明确，只强化运输业者的安全管理是不能解决问题的。究竟是否可以追究造成事故旅游业者和货主的责任？日本的《产品责任法》（简称PL法）中，可以将责任追溯到制造商，而运输业则不是这样的。《运输安全总括法》在对运输业的安全管理中，没有将责任追究到货主身上。

（二）海上集装箱陆路运输事故的特点

《运输安全总括法》是以铁路、航空、汽车（客车、货车）、海运（客船、货船）为对象的，但作为海上交通和陆上交通交接点的港口则不作为对象。港口中，根据《港口运输事业法》，存在着许多大型和中小型的港口运输业者。另外，港口运输业关系到陆路运输和海上运输两者的行为，由于该行业是搬入和搬出国外货物，所以需要制定不同于只以国内货物为运输对象的运输业法。特别是搬运海上集装箱的港运业，不仅是港口地区，就连交通公路和高速公路的事故发生率也很高。

根据2006年由交通运输政策研究会物流研究部进行的调查，和港口运输相关的事故分类如下：（1）装卸货物时掉下货物，这在搬运中很常见，在集装箱装卸中也并不是全然没有出现过；（2）堆场内和仓库内，在集装箱装卸中使用的跨越支架、移动式集装箱吊运车、仓库内吊车，由于作业时间有限，确认安全工作经常滞后，造成事故；（3）进口集装箱搬运时，货物碰撞和被压在底下的事故比较多，在之前的调查中，有不少案例是由于货物装载的卷纸滚动，工人被压在底下而死亡，此外，蝎和蛇进入集装箱内部，或是装载了未标示的毒物和毒药等有害物质，搬运时如果操作失误就会出现重大事故，造成危险，这种情况下，出口国货运场的条件完备是必不可少的；（4）海上集装箱相关事故中最多的是在公共道路上发生的翻车事故，在之前的调查中，海上集装箱船司机没有获悉陆路运输的集装箱信息（装载货物的种类、重量、装载状态等），因此为了负责任地送达货物至领受人，需要将正确的集装箱信息告知司机。

海上集装箱的陆路运输事故在发生翻车、货物掉下、可燃性装载时，会诱发火灾，事故不仅会伤及司机，还会波及周边车辆和地区。在国际海上集装箱事故中，由于装载不牢引发事故的货物很多是墓碑、顶部较重的机器、以及难以在集装箱内

捆扎牢固的液体、流体货物等。另外，在运输危险品和有害品时会发生着火事故，司机需要了解装载货物的种类，以及灭火方法。

（三）海上集装箱运输中建立国际规则

如果是不同于旅客运输的货物，则会间接引起普通居民受到事故牵连。这一点会引起货物运输安全措施延迟，但有时由于事故情形不同，会给经济活动带来影响，并演变为国际纠纷。

美国、奥地利、瑞典等国家为了确保海上集装箱陆路运输的安全，制定了《海上集装箱陆路运输安全运输法》。该法规定了重量证明、货物信息标注、安全捆扎证明，明确了货主的装载责任和运输者的责任范围。

船舶公司和货主需要掌握海上集装箱货物的信息，对海上货运业者处理的装船提单、包装明细、送货单等集装箱装载提出正确、详细的信息。该信息是由第三方机构（检查和数量核对）证明和检查的，所以这些货物的相关人员需要将正确的信息提供给司机等实际运输者，这样海上集装箱陆路运输事故将会大幅减少。

在政策调控流程中，追求减少成本的卡车业的竞争很激烈。作为物流业同样需要降低成本的港口运输业并不是“运输安全管理”的适用对象，但是考虑到海上集装箱陆路运输中发生的事故的严重性，希望制定“海上集装箱陆路运输安全法”（暂定名）。

但是，海上集装箱事故有很多是由于进口货物的对象国引起的。这一点是国内法律无法覆盖的问题。国际条约中规定了海上集装箱装载相关的国际标准，但是该条约并没有得到应用。全球化时代的运输是无国界的，在国际层级上需要制定海上集装箱运输安全规则。此时，作为海上集装箱发达国家的日本，发挥的作用是很大的。

四、最严重的海难事故和美国核潜艇撞击日升丸事件

（一）交通事故的事故责任

除了直接原因之外，交通事故还有间接原因。除了自然灾害和桥梁倒塌之外，打瞌睡、饮酒、往旁边看、接听手机等是发生汽车事故的直接原因。但是，其背后是连续疲劳驾驶，受到劳动定额的影响而不得不忽略限速的现状。事故责任不应仅仅由驾驶当事人负责，更应该追究货主。

2005 年，JR 福知山线、尼崎—冢口站区间的转弯处发生脱轨事故，撞击了公寓楼，出现许多伤亡者，震惊整个日本。全国观众通过电视看到了现场的影像。铁路事故调查委员会查明事故原因，认为事故的直接原因是超速，司机为了避免火车晚点，驾驶失误。其结果是：①停车时间缩短；②铁路上设置的自动列车控制装置不完善；③不得不超速的情况（无法按时驾驶时，施加给司机的忽视人权的惩罚）等劳务管理问题得以重

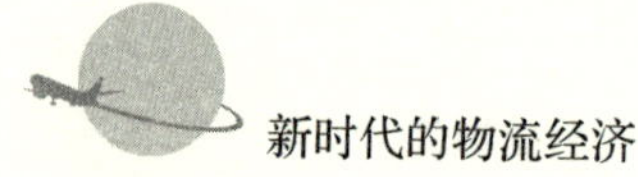

视。重大事故之后，日本很快推出了应对措施：修改时间表，加大停车时间，快速改进自动列车控制装置，改革惩罚方法。

即使没有发生这样的重大事故，驾驶劳动也总是可能引发事故。考虑到要求正确的判断、行动机敏，所以减少夜间的连续驾驶，是保证安全的有效措施。

（二）令人难以置信的日升丸事件

和以上JR福知山线事故被逐一详细报道形成对比的是，美国核潜艇撞击货船并致使其沉没的日升丸事件被媒体轻描淡写，几乎所有的真相都被掩盖。除此之外，还有爱媛丸、最上川（16万吨的油轮，撞击地点是霍尔木兹海峡）。幸好最上川没有伤者，没有沉没，但宇和岛水产高中的实习船爱媛丸在夏威夷海域和搭载了平民进行“紧急漂浮展示”的美国核潜艇发生撞击后，实习生和乘务人员都因此而遇难。但是，这3次撞击事故都没有得到海上事故审判，全都作为治外法权进行了处理。

1981年4月9日，从神户港出发驶往上海的货船日升丸（乘务人员15人，总共2 350吨），在鹿儿岛县甑岛列岛海域遇到美国核潜艇的撞击。撞击发生在早上10点，所以日升丸乘务人员确认是潜水艇。根据其确切记录，船体突然发出异常声音，船员感到强烈的撞击，左舷迅速隆起，推进器突然停止，主机体和船内电源停止。该船的3号船舱机房外壁破裂，瞬间海水浸入，船体迅速倾斜，大约15分钟船尾开始沉没。乘务人员受到撞击，抓住无底橡皮船，在海上漂流，直到次日早上5点才得到海上自卫队护卫舰的救助。乘上橡皮船后，发现船长和水手不见了，得到救助的有13人。事故后，虽然螺旋桨飞机再次低空飞行，但没有进行救助作业。沉没后，从橡皮船可以看到潜水艇的潜望镜，但其没有采取救助行动，而且货船持续发出爆炸声，这一事件留下了许多疑点。

第一，美国在撞击发生的35个小时之后，向日本外务省通报了事故情况。撞击是和“乔治·华盛顿”号核潜艇发生的。出现了人员伤亡事故，必须立即将信息通知当事国。第二，这一事故不适用《海难审判法》。该法中标明“审判中的事件的管辖权属于海难所在地的地方海难审判厅”，但美军以军事机密为借口，阻止执行该法。这和大型油轮最上川实习船爱媛丸是一样的。如果是交战地区，则是不得已的，但在和平的公海上，无法认定为潜艇优先。第三，撞击后，美国核潜艇急速潜航，虽然预测到核潜艇也受到了相当的损伤，但实际情况不明。归根到底，这里完全忽视了海上的常识，“航海技术”的行动不应该只是潜艇能进行的。

有些潜艇撞击事故中，日本也是施害者。2006年，在宫崎县海域进行浮出水面训练的海上自卫队“朝潮”号和巴拿马籍油轮发生了撞击事故。没有油流出，没有达到惨案的级别，但民众强烈要求制定潜艇对船舶的安全规则。爱媛县县立宇和岛水产高中实习船由于美国潜艇“绿色和平”号的急速浮出水面，造成实习生9人死亡，爱媛县议会制定决议，要求就“船舶对潜艇事故”制定国际规则。

另外，包括新加坡海峡在内的海域，有很多海盗。2006 年，日本船舶被海盗抢劫了 6 次。最近几年，每年里有 6 ~ 8 次被劫。确保海洋安全是一个紧急课题。日本的船舶要通过物流大动脉波斯湾、霍尔木兹海峡、马六甲海峡，其安全航行是顺利开展经济活动中必不可少的条件。在这个意义上，亟须制定符合时代的、确保航海安全的国际规则。

据报道，千叶县房总半岛海域发生了海上自卫队“宙斯盾”导弹驱逐舰“爱宕”号和渔船的撞击事故（2008 年 2 月）。渔船沉没了，有 2 人死亡，但是军舰和商船或渔船的撞击事故发生时，信息总是很慢。所以，需要增加快速信息传达。另外，基本的“公海规则”也要适用于军舰。

第五章

交通运输的政策调控

03-04-06 82 PARIS
IMMIGRATION OFFICER
Customs - Douanes

一、交通运输部门调控的特点

在政策调控的潮流中，关于流通和运输的调控政策得以集中实施。本章阐述交通运输业政策调控的含义、实际情况和矛盾，并讨论其对从事运输工作的工人的影响。

任何一个行业领域中，现在国家制定并实施经济政策和产业政策时，必然会和各产业、企业和国家发生关系。其中，交通运输产业是和国家、行政紧密结合的领域。所以，现在的政策调控流程反映得最清楚。

首先，交通运输部门和国家之间的关系如下：

第一，交通运输业是资本主义发展过程中和国家紧密结合的领域。在根据个别企业的利润原理进行活动时，交通运输业需要增加民营企业的价值，同时需要个别企业无法供应的生产方式，即社会性一般生产方式，也就是包括工业用水、工厂土地、水库在内的水路、道路、港口、机场、铁路等交通方式。这些交通方式听任资本的自律性行动，无法顺利供应，这些又是多数企业采用的社会性生产方式，所以一般由国家供应。特别在资本主义初期阶段和战争时期，这种趋势更为显著。比如明治初期，政府主导通过外国工程师建设国有铁路，以及第二次世界大战时希特勒建立了可以起降军用飞机的高速公路。

在进入资本主义垄断阶段之后，国家对于交通运输部门的支援（介入）也是一样的。资本的生产活动呈现全球化，要求建立国内外的运输网络，同时各国合作开展基础交通设施的建设项目。例如，苏伊士运河和巴拿马运河的拓宽、多佛海峡隧道等，这些都是相关各国通过协商实施的项目。关于这些国内外的项目，不言而喻，国家财政是以某种形式进行资助的。

第二，在交通运输基础设施的建设中，直接进行建设的土建业，以及关于铁、电力、水泥、木材等许多工业领域的材料供应需求出现了。对于这些工业领域出现的需求，从凯恩斯时代开始的公共投资有效性已经是众所周知了。

此外，交通部门承担了垄断性大企业产品的市场运输的重要作用。飞机、汽车、造船、机械部门在交通运输部门的发展和衰退中影响了企业活动。也就是说，曾经和飞机销售相关的“洛克希德贪污”和以前的“造船丑闻”、卡车枢纽站点建设相关的“佐川急便疑惑”等，造成了企业和国家的相互勾结。

第三，交通运输部门具有的公共功能和作用。高速公路作为个别企业的生产方式和皮带输送机的一部分（丰田的广告牌、系统和即时生产运输），由于道路的自由化和垄断性使用，而成为批判对象。同时，高速公路也是消防和急救活动不可或缺的道路。

另外，阪神大地震引起阪神高速公路坍塌后，汽车运输无法满足紧急运输的要求，这表明运输在民众生活的必需生活物资需求中也具有重要作用。机场也是一样。根据2005年海关统计，新东京（成田）国际机场的装卸货物中，食物（鱼贝类、水果蔬菜、肉类、加工食品等）在进口食物货物中占很大比重，从中可以看出交通基础设施给居民生活带来了公共作用。

交通基础设施的公共作用在地方交通中更加明显。有很多事例显示，人口稀少地区的居民在铁路和公交车等公共交通方式停用后，出行的自由明显受到制约。交通方式的断绝常常和废弃村庄联系在一起。私家车数量和公共交通建设的发展程度成反比，人口稀少地区的私家车数多，常常是每人拥有一辆。但是，无法驾驶的老年人（人口稀少地区的老人比例较高）和孩子，成了失去了出行自由的交通弱者。

这种情况是政府提供帮助的必要性根据。铁路的第三部门，人口过疏地区的自治体主导的需求巴士等案例可以做到这一点。这些供应系统是核算中难以成为私营企业经营的对象，今后政府需要继续提供帮助和介入。

第四，交通运输产业是经济活动中必不可少的领域，其场所移动导致的外部不经济是不可避免的，即交通污染。全国许多居民持续提出关于高速公路污染、新干线噪声、机场噪声污染等的诉讼。

此外，作为交通运输的外部不经济且不能忽视的是交通事

故。交通事故的死亡人数已经超过了第二次世界大战中的战亡者人数，警察努力制定各种交通安全措施。交通事故不仅是运输当事人受影响，还波及第三者。运输乘客时，乘客是受害者，运输货物时，货主或收货人是受害者，两者都可能牵连到附近行驶的车辆或事故发生地附近的居民。

事故发生时，警察负责处理和应对，所以国家权力的介入成为常态。在处理事故的对策中，国家的作用是不能忽略的，交通中公共介入的必然性是存在的。从运输方来看，交通事故是交通服务生产的中断或破坏，其原因包括泥石流和地震、水灾等自然原因，以及道路拥堵、闯红灯、超载和长时间工作引起的疲劳等社会性原因。对于司机来说，事故只是工伤，交通中的工伤不仅是劳动者和雇佣者之间的问题，而且使第三者被卷入，由警察负责事故处理，显示了交通和国家之间的关系。从尊重生命的观点来看，交通运输的安全性是国家和行政的职责，这是各国共同遵循的事实。

在交通污染、交通事故，以及交通在人出行的运输中产生的外部不经济性的解决过程中，国家和政府的帮助是必不可少的。

第五，从和交通服务生产特点之间的关联性来看，无法储存的交通运输产物是即时商品，所以往往并不适用于市场原理。上班高峰时的乘客集中是一个例子。根本的解决方法是增加车辆和班次，如果达到限值，则呈现复线化；如果是后者，则建设新码头，这需要巨额资金，市场冷清时的剩余变得更加重要。

以前，政府对于这些情况给予指导，采用了错时上下班、弹性工作制等加以应对。

对于交通服务的不可储藏性和交通需求派生需求的特点（交通需求是由住宅地区的建设和各种活动、灾害时的紧急进口等受外界支配的条件决定的），通过政府和政府的“指导”可以得到一定程度的缓解。

从交通运输产业的特点来看，并不能简单地认定政策调控是促进产业发展的要素。论述到交通运输的政策调控时，需要详细论述。

二、日本国内政策调控过程

在日本，政策调控趋势快速具体化是在20世纪80年代之后。1981年，日本成立了临时行政调查会，次年的“临时第二次方案”重新讨论了许可行政，将政策的一部分从认可制改为申报制（例如，公交车站位置变更的一部分从认可制改为申报制，完全改为申报制是在1989年）。

运输政策审议会方案（1986年）中，对于今后航空企业的运营体制，提议重新审视三家航空公司的业务领域。第二次行政改革审议会的设置也同样是在1986年。

20世纪80年代，运输产业的最大政策调控是国营铁路分割和民营化（1987年4月）以及同年12月的日本航空完全民营化。其目的是推进业务民营化，重新发挥民营企业的自主性，

实现富于创意的经营管理。国营铁路的分割和民营化的“成果”是通过撤除无利可图的路线（地方交通线）、第三部门化、巴士转换等进行裁员。结果，具有高收益的新干线部门的本州岛 JR 三家公司实现了盈余，而北海道、九州、四国等 3 个岛的 JR 接连亏损。有很多线路改变了人口过疏地区，北海道、九州、四国这 3 个岛的 JR 也是理所当然的受到了影响。国营铁路时代通过内部补助，维持了无利可图的路线，但分割和民营化后，这一矛盾仍然存在，人口过疏地区的居民出行受到很大制约。人口过疏地区的汽车拥有率较高，和该地区公共交通方式的发展不健全密不可分。

第二次行政改革审议会在 1989 年 12 月提出了“公共政策调控相关方案”。对运输部门进行的政策调控采用了这一方案，并且在 20 世纪 90 年代快速开展。

1990 年 12 月制定的《物流二法》（《货车运输事业法》,《货物运输处理事业法》）将从卡车业的执照制改为许可制，废除了线路业和区域业的划分。区域业者如果获得许可，也可以进行货物运输，运费从认可制改为事先申报制。新制定的《货物运输处理事业法》规定，利用运输业（不拥有卡车和船舶等运输方式的业者）采用许可制，运输代销业采用注册制。这些是卡车业界的大型企业扩展营业领域的有利条件，同时，诸如综合商社那样具有国际信息网络的行业，可以作为利用运输业者参与到货物运输领域，结果使竞争条件变得严苛。

1993 年 5 月，运输政策审议会方案建议允许多种运费并且让供需调整弹性化。目前，以大城市为中心，出租车车费出现了多样化，但是由于没有形成通过差额运费选择出租车的系统，所以乘客无法接受。近八成的运费成了司机工资，劳动密集性很高的出租车业中，运费下调竞争导致近距离乘客被拒载，司机工作条件变差。

1994 年 8 月，政府调控和竞争政策相关的研究会发表了以“重新审视物流领域中的政府调控”为题的报告。政策调控对象集中在卡车、国内航运、港口运输业、货物运输处理事业，从根本上调整了以前的调控方式，全面废除了参与限制、费用限制等，对于通过引入市场竞争，充分使用市场机制，给出了具体措施。

该报告的基本理念如下：物流领域的中心是通过由公共主体建设的运输基础（机场、港口、道路等）组建的业务，所以一直以来进行了广泛的政府调控。而且，人口过疏地区和离岛等地的交通运输具有市民生活环境最低标准的特点，行业的特点是小、零散、劳动集约型，生产率提高的空间较小，是政府调控的根据，这一点成为疏远行业自立发展的结果，反而弱化了行业素质。劳动密集性很强，是服务部门的共同特点。中小企业并不是只在物流领域，这一点可以在《劳动基准法》、中小企业对策等其他法令中找到依据，所以不需要只由运输部门进行对应和调控。政策调控能通过自由竞争实现市场的正常化，关于为什么这一论点无法简单用于交通运输，已经在前面章节中做了说明。

1994年11月，经济同友会向政府各部门提交了“政策调控的相关要求”。向运输省提出的物流领域政策调控要求如下：“目前，产业界中，物流成本的上涨成为一大问题，急需要物流效率的提高……影响运费和仓库费用的要素仍然存在，目前需要通过政府相关法规进行经济调控。每个运输机构需要废除垂直制定的统一性经济调控，从而构建易于发挥企业家能力的环境。”从首次使用的“取消经济调控”这一术语中，可以看到经济界的强势。

根据其具体内容，应该废除卡车业的最低数量限制，认可私有卡车业；应该废除运费事先申报制，通过市场规律实现自由的运费设定；为满足多样化需求，应该统一营业仓库和家用仓库相关的开发条件（例如，用途地区的建筑限制等）；为推进多式联运，应实现点对点的统一费用，重新建立根据卡车、铁路、船舶、航空等运输方式垂直确立的统一经济调控。

经济界提出的这些政策调控强烈要求将物流领域定位为产业活动的转包式结构，要求废除“成为产业活动障碍的一部分规定”，以及实现参与自由化，转移到竞争运费制。

1995年7月，经济团体联合会发表了题为“实现顺畅高效的运输——交通基础建设的方式”的提议。基础交通设施（铁路、道路、港口、航空等）是属于资本产业活动的一部分社会性生产方式，并且这些建设也是资本的投资对象。特别是不景气时期，公共投资对于基础交通建设的作用很大。经济团体联合会的这一“建议”中，强调了基础交通建设的资金筹集和资金分配的政府作用。根据这些内容，对交通运输部门进行政策调控，政府投资交通基础设施建设，这样“上下分离”的方案得以明确。但是，两者的技术性统一，首次可以进行交通服务生产，却将矛盾留了下来。

在这些政策调控的强烈要求下，运输业的政策调控有了一定进展。1994 年 6 月，《航空法》部分修订，12 月开始引入折扣运费，使国内航空的折扣率达到 50%，费用从认可制改为申报制。1995 年 5 月之后，各家航空公司实施了新的事先购买折扣制。在汽车领域中，1994 年 7 月采取了道路运输车辆法的一部分修正措施，1995 年 7 月开始进行了政策调控，废除了家用轿车 6 个月的检查义务等。

一般而言，到目前为止的政府调控是“中央官僚体制”的产物，从国民生活方面来看，有不少是已经过时的调控，有的是为了维护业界的保守性利益和官僚的地盘。从国民生活的角度来看，这些政策调控是必要的。对劳动者、消费者、生活者来说，有的调控是必不可少的。但是，政策调控并不一定能促进经济发展。1995 年 3 月内阁会议决定的“政策调控推进计划”从“原则自由竞争、例外调控”出发，发表了住宅、信息、流通、进口、金融、能源、雇佣、污染等广大范围内的具体计划，目前正在实施。

政策调控正在稳步推进。20 世纪 80 年代初，调控以符合第二临时调整的“民间活力和政策调控路线”的形式，从量的调控转换为质的调控。如上所述，1987 年，通过国营铁路分割民营化、日航民营化、多路线化，实施了运输行政民营化路线的基本路线。

1989 年实施的《物流二法》降低了物流成本，以卡车为首的运输部门的政策调控得到快速推进。20 世纪 90 年代后半期，桥本内阁实施了“省厅重组、政策调控”，废除了运输行政的基础“供需调整调控”，行政在调控中出现了倒退，不得不转换为“事后检查型”行政，并且，运输行政的外包部门增加了。

政策调控推进者曾经声明，“即使进行经济政策调控，社会调控中运输的秩序和安全也是可以保证的。”但是，取消了经济调控（运费和供需调整等）之后，出现了运费倾销的普遍化。其应对措施是大量雇用外派员工和打工者等不熟练、低工资工人。结果，重大事故增加，有时普通居民也被牵连。供需调整的废除还引起了卡车和出租车的供应明显过剩，市场竞争更加激化不仅影响安全，而且使业界的质量和水平下降。

进入 2000 年之后，政策调控不仅增大了业者间的差距，而且以各种形态加大了差距。由于到偏远山区和离岛的交通方式被切断，导致生活无法维系，出现了废弃的村庄。在政策调控扩大了地区间差距的现状下，“交通权”（认定出行自由和平等的社会权利）主张的合理性得到了证明。

日本经济联合会于 2007 年发表了“政策调控的意义和今后的重点领域、课题”的建议。对于运输部门，“对货车运输管理者的一般讲习从 2 年 1 次改为 3 年 1 次”或“车辆验证、汽车检查标准的公布由国土交通省移交给汽车销售公司”，政策调控的内容很详细，同时以企业优先。根据这一调控改革要求，对港口、机场也提出了具体的要求，例如，“休息日，放宽危险品装卸许可手续”，以及“放松羽田机场国际化后使用时间限制”。今后将会进一步进行政策调控。

三、政策调控和交通劳动者

（一）交通劳动的一般特点

从事运输的劳动者，由于航空、远洋航运、铁路、卡车、港口等的职业和劳动形态都不同，所以不能一概而论。但是，从劳动的特点来看，可以列出两三个共同特点。这些特点和“政策调控带给劳动者的影响”有很大关联。

第一，卡车、出租车、公交车等的司机的减少是有限的。由于是劳动密集型行业，所以减少司机能够缩小经营规模。如果想要在不减少人员的情况下节省劳务费用，则要采用外派员工、兼职、用女性劳动者代替男性劳动者，并寻找更廉价的劳动力，从其他行业更快引入外籍劳动者（权宜轮、混乘、空姐等）。实施《男女雇佣机会均等法》后，女性进入了以男性为中心的职场，其中不少女性成为自卸车、海上集装箱卡车等重型机械的司机，引人注目。该部门录用相对男性来说较低工资的女性劳动者，是为了消除劳动力不足。航空、海运、港口引入的电脑附带的劳动多半是外派的。

第二，负责劳动力运输的交通部门，编制了包括深夜、清

晨在内的运输时间表，使清晨和深夜轮流制工作的时间变得不规律，时间变长。以地点移动为劳动内容的交通劳动，并不像普通工厂劳动那样，直接受劳务管理。取而代之的是，铁路通过运行时间表进行间接管理，通过无线，间接管理出租车和卡车。货物运输时，很多货主（和劳动者、雇佣者无关的第三者）要求进行即时生产的运输，如果不能按照预定时间到达，就要交罚金。政策调控后的一个明显转变是，关西机场（日本第一个24小时机场）开港后，机场的登陆部门变为24小时工作制，受到巨大破坏的神户港在重建时转到其他港口的船舶公司回到神户时，以24小时开港为条件，逐渐推广了24小时航运体制。

即使考虑了转换，但工作到深夜的长时间劳动给人们带来了很严重的影响。交通运输劳动中出现的过劳死、猝死，是劳动过度的后果。

第三，运输的内容是地点移动，所以其运输条件总是受外在条件的支配。雨、风、雪、雾、火山喷发、台风、地震等自然条件的变化常常使交通服务生产停止，例如，名神高速公路关之原周边的“阵雪”、台风、海啸、集中暴雨引起的山体滑坡。阪神大地震中阪神高速神户线的倒塌也是由于自然原因引起的。除自然条件外，山地、山坡和拐弯处的地理条件也会影响运输条件。另外，对劳动环境、作业条件有很大影响的是道路工程、拥堵、事故、劫机等社会原因。交通劳动的本质内容是应对地点移动引起的劳动环境的每时每刻的变化，但现实是，由于以上社会原因引起的劳动密度增大正变得日益普遍。

第四，交通事故对于交通运输劳动者来说是工伤。但是，交通事故和工厂中的工伤不同，许多事故中牵连了第三者。工伤中，理应是受害者的交通劳动者，常常被追究责任。事故现场由交警进行取证，有时会吊销驾驶证。防止不特定多数人使用的道路上发生事故，是理所应当的，但交通运输劳动者可能由于这些原因而失去工作，这一点也是交通劳动的特点。

接下来，我们以航空、卡车、港口部门为中心，对交通领域的政策调控给交通运输劳动带来了怎样的变化进行论述。

（二）航空的政策调控和劳动者

受美国航空业政策调控的影响，日本航空运输业的竞争促进政策在政策调控流程初期就开始实施了。但是，最显著的政策调控基于1985年12月运输政策审议会的中间方案——“日本航空企业的运营体制的方式”，废除了1986年实施的“45·47体制”。之后，航空政策的支柱是国际线的多公司体制，国内线的双倍、三倍卡车化，日本航空的完全民营化等。由于日本各地（以府县为单位）推进机场建设，主要机场推动了机场建设，延长跑道以满足喷气式飞机的需求，所以无利可图的路线增加了。2000年修订了《航空法》，明确了盈余路线和亏损路线，引入每条路线的核算基准制，盈余路线开始了倾销竞争。在国内航空运费方面，引入了各种折扣运费，“季节、星期、时间段、年龄、组”等产生的运费差别，逐渐使个人旅行变得困难。2007年，由于世界油价上涨，航空运费也随之上涨。

几年前，飞行员的三人乘务员制变为两人乘务员制，包括国际航线在内的日本航空开始将空姐改为兼职。反对空姐兼职化的运动由此高涨，国土交通省为了确保乘客安全，采取措施取消了空姐兼职化。这虽然是女性的运动，但这方面运动的效果是很好的。之后，日本航空临时录用工作了一段时间后的离职人员为客舱乘务人员。

航空领域最重视的是飞机维修，但航空班次的增加缩短了飞机维修的时间，使得建设人员无法进行充分的检查。在日本航空中，飞机维修大约40%的项目外包给了新加坡和中国等地的维修工厂。比如关西机场，由于24小时开港，所以货物吞吐量剧增，大型航空公司的相关转包货物运输公司和大阪机场（伊丹）相比，每年劳动时间延长了70个小时。根据大阪民主法律家协会和民航劳动联合会大阪地方联合会的调查结果，工作类型从最长的10.5小时到最短的3.5小时，细分为460种，组合之后成为“连续17小时不打瞌睡”的昼夜工作正成为常态。持续繁重的工作，导致交通死亡事故和工作中吐血死亡的事故频发。关西机场中，关于食物和货物、收款计数器业务，各航空公司分别设立了公司，劳动者几乎都是调职、兼职。24小时工作的结果，使劳动者付出了更多辛苦。

1980年之后，美国航空产业通过政策调控，实现了完全自由化，许多航空产业参与进来，运费下调，之后各家公司整理了无利可图的路线（连接地方城市的路线），那些可以用电脑操作复杂运费折扣系统的大型航空公司被保留了下来，结果造成运费上涨。美国航空产业在政策调控中取消了小城市、地方城市的航线，失去航线的城市达到了143个。

而日本由于国土狭小，美军、航空自卫队和空域分割的情况，强行进行政策调控会产生很大矛盾。

（三）卡车产业的政策调控和劳动者

和大规模的航空产业相比，很多中小企业、卡车产业的政策调控更直接地给劳动者带来了影响。

卡车产业原本是劳动密集型产业的典型，卡车司机的劳动条件，是3K劳动的代表，长时间驾驶、夜间行驶、交通拥堵、当日返回、根据货主情况而等待的时间，符合即时生产要求的快速运输，给肉体和精神上都带来了痛苦。2004年，卡车运输业的过劳死人数为71人，是整个行业中最多的。厚生劳动省进行的调查显示，卡车运输业者中七成以上违反了《劳动基准法》。

在工资体系中，固定工资占的比率是六成以下，奖金和津贴等浮动薪酬超过了四成，是不定工资。全日本建设交运普通工会开展的问卷调查中显示，劳动者中58.8%的人年收入减少，21.2%的人年收入减少了“50万日元以上”。卡车运输的转包成为常态，多次转包克扣运费时有发生。目前的卡车运费收入低于10年前，这是因为市场的转包、多次转包中产生的运费倾销成为了常态。

近年来，随着卡车越来越大，事故也增多了。隧道内和积雪道路的追尾事故大半和大型卡车有关。很多情况下，装载了各种化学产品和危险品的海上集装箱拖车和大型卡车遭遇事故时，需要司机具备装载货物处理知识。货物运输时，为了提高服务质量，司机需要学习有关装载货物的信息和处理技术。

为了在卡车从业者中建立起运输秩序，《货车运输事业法》引入了通过考试取得国家资质的制度。但是，具有国家资质的运行管理者人数和业者人数相比，还远远不够。小型业者的业主为获得资质，以企业利益为先，难以发挥维持公平秩序的作用。卡车产业中，类似货主不得不运费倾销和超载的情况必须解决。新的制度“劝告制度”引入其中，但适应起来未必顺利。这些不仅是劳动条件的问题，还包括交通安全、应对道路污染等大的方面问题。

陆路运输海上集装箱时，产生了几个问题。近年来，海上集装箱呈现大型化，有时出现了背高集装箱。按照日本道路交通法，背高集装箱陆路运输不能在国内道路上通行。事实上，由于国际法规和国内法规没有统一，所以无法进行顺利的运输。另外，在进口集装箱搬运目的地，由于集装箱的装载和捆扎不牢而引起的道路运输翻车事故也不少。这些是必须从国际视野考虑海上集装箱运输标准的问题。

（四）港口产业的政策调控和劳动者

港口产业是以港口运输业为中心的港口物流，但是其规模比较小。同时，港口使用者有很多是国内外的船舶公司、货主

（贸易公司、制造商等）大企业，使用港口时，除了费用之外，还有其他的严格要求。《港口运输事业法》修改后，特定重要港口的装卸费采取事先申报制。在认可制的时代里，倾销成为常态，所以即使采用申报制，但实际情况并没有怎么改变。

由于集装箱化的船内劳动和沿岸劳动没有区别，所以政策调控将船内和沿岸进行了统一。结果，港运费用比以前的“船内＋沿岸”的“搬运金额”低了大约5%。通过修正《港口运输事业法》，企业即使自己没有实际运输部门，但可以只管理转包业者的项目（开创了统括管理行为基础）。在1985年，港口运输业者有1 529家公司；到2005年，减至1 273家，港口劳动者（港口装卸）也由1990年的5.4万人减少至2005年的4.2万人。

海上集装箱运输成为主流之后，港口行业发生了巨大变化。港口的装卸方式发生了变化，数量检查和鉴定也逐渐消失。劳动者人数减少，而劳动时间延长了。1994年劳动省统计资料中的年度劳动时间显示，整个行业是1 896个小时，港运业是2 192.4个小时，多了296个小时。而且近年来，以集装箱码头为中心，24小时、365天开港，港口劳动者曾经拥有的“星期日休息、劳动时间缩短”正在消失。

综上所述，卡车和港口劳动者的劳动条件不仅仅是直接雇佣者“港运业者”造成的，基本上都由货主和船舶公司等港湾使用者造成的。尽管很多情况下，货主要求即时生产和超载、运输危险品，但近年来的事故责任是由货主承担的。普通商品

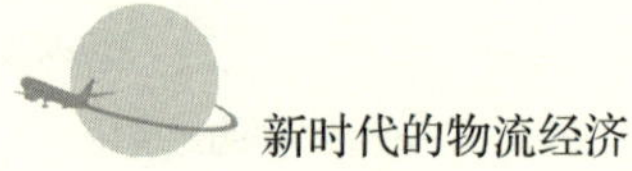

适用于“PL法”，责任追究到制造商，但运输中没有这类限制。这种法律限制是今后需要进一步探讨的。

1999年，运输政策审议会提出了“调控港口运输业”的最终方案。其中重要的支柱之一，是港运业集约协作化的方向。目前，从业务合作社的共同工作和常用劳动者的融通制度的使用开始，应该构建有效的作业体制，推进共同接受订货等作业共同化。集装箱码头的收货作业共同化，装卸机器等的共同租借和共同使用，物流信息系统的共同开发和共同使用等共同化实际业务正在推进。如果能够实现，则港运业的运营能力将得到改善。但是，之后在超级枢纽港的建设过程中，码头管理经营就会出现大型物流业者，该方案能否得到运用成为未知数。

近年来，随着粮食等消费类生活物资的进口增多，一般民众对港口物流日益关注。针对进口粮食的安全检查，禁止麻醉毒品、枪支等反社会物资的入境，危险品的安全运输等，运输劳动者对居民生活负有很大的责任。由于人手不足，这些检查体制（动植物检疫所等）无法检查得很全面，所以一部分转为民间，即培养专业技师。对于居民、劳动者和中小企业来说，有不少的政策调控是必需的，但现在进行的政府主导型政策调控并未得到全面肯定。

第六章

东亚经济圈的发展和日本的物流系统

03-04-06 82 PARIS
IMMIGRATION OFFICER
Customs - Douanes

一、物流的全球化

在信息通信技术高速发展和经济全球化的巨大潮流中，现代的经济系统每天都在发生着变化。各种经济系统呈现加速变化的趋势，影响范围也日益扩大。物流和物流系统的变化也很激烈。

支撑经济社会基本技术革新是“市场系统全球化”竞争实质变化的结果。从20世纪最后的10年到21世纪，“在人类历史上，企业第一次在世界上成本最低的地方采购，在世界上价格最高的地方销售”的战略成为可能。

从物流的观点来看，现代的技术革新和全球化所带来的巨大变化是，以全球规模的即时生产制生产方式为首，全球物流的高效化和优化是现在商业模式的全球战略标准。为了满足消费者的多样化需求，全球市场的很多企业加快了生产和流通的速度，扩展商业领域，并围绕供应链管理的优化展开讨论。

对于日本企业来说，以20世纪80年代中期的日元升值为契机，和东亚地区加深合作，开始了全球化进程。随着货主企业

在东亚布局，日本的物流企业要求加快物流系统的发展，不仅和发展迅速的东亚大型物流商竞争，而且和全球领先的欧美综合物流企业以及第三方物流企业开展竞争。

通过这些变化，日本重新认识到，不仅作为战略要素的企业的物流系统应受到重视，在国家和地区的宏观层面上，作为产业政策和结构改革政策的一部分，物流系统的方式和政府的物流政策也是维持国际竞争力的重要因素。

本章着重研究东亚经济圈的发展和东亚物流系统的变化。首先概览了日本政府近年来的物流政策，接着研究了东亚经济圈目前的特点和东亚物流系统的趋势，最后阐述了日本物流系统遇到的问题。

二、全球化下的物流政策

近年来，日本政府的物流政策是在应对全球化的结构改革政策中实施的。本节回顾了20世纪90年代末日本政府物流政策的基本理念。

基于“世界经济全球化的发展”和“国际大竞争时代的到来”的观点，1997年制定的《综合物流政策大纲》阐述了“为了拓展日本经济新发展的可能性，需要修改高成本结构，确保消费者利益，同时要强化日本的产业布局竞争力。这种情况下，物流方式是国家和地区的产业布局竞争力的重要因素之一”这一基本理念。

1997年，日本政府（当时为桥本内阁）制定了《综合物流政策大纲》，推出了六大改革政策。六大改革之一的经济结构改革政策，在应对产业空洞化的同时，强调修正日本的“高成本结构”。作为阻碍国际竞争力的代表性领域之一的运输通信业也被提及，不断宣传其改善的必要性。从这些内容中可以知道，全球化下日本的物流政策目标定位是修正物流的高成本结构，达到不逊色于国外的服务水平，充分显示了日本政府物流政策的出发点和目前的基调。

这种基调在2001年制定的《新综合物流政策大纲》中得到了延续。2001年的大纲中提出了“构建具有国际竞争力的物流市场”和“构建环保的物流体系，对可循环社会做出贡献”两大目标，并努力在2005年之前达成。2001年的大纲在全球化应对方面延续了1997年大纲的基本想法，进一步认识到和东亚地区之间的竞争，努力实现政策目标的具体化。

例如，针对1997年大纲目标中的“提供亚太地区最方便、最有魅力的物流”，2001年的大纲中提出了“亚太地区都在建设先进国际港口，和日本相比，其他国家集装箱货物的吞吐量大幅上升，而日本国际港口的集装箱货物吞吐量增长缓慢，为应对这一问题，要充分开放船舶的大型化和港口，实现进出口和港口各项手续的电子化和一站式服务，从而使物流更简单、更有效”，要求政策更具体且易于实施。有关超级枢纽港的政策，则体现了1997年大纲到2001年大纲物流政策的基本构思。

2005年制定的《综合物流政策大纲（2005~2009年）》中，提出了以下四大目标：第一，实现快速、无缝衔接、低廉的国

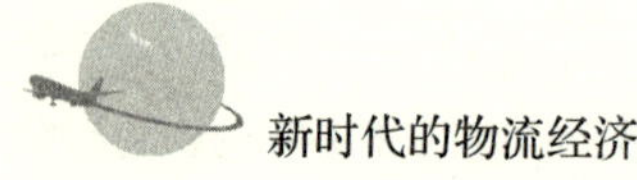

内外一体化物流；第二，实现“绿色物流”等环保型物流；第三，实现重视需求的高效物流系统；第四，实现支撑国民生活的安全、安心的物流系统。

在第一和第三个目标中，“东亚物流的准国内化，以及和东亚地区实现一体化的日本物流系统的SCM的对应”的意识得以加强。在第二和第四个目标中，2001年新大纲制定之后世界形势的变化，以及《京都议定书》生效后的加强环境保护和确保安全等成为其原因。

2005年的大纲中，继承了“和东亚进行竞争，改善影响国际竞争力的日本物流系统的高成本”这一基本构想。例如，不仅是国际枢纽港口的发达化持续受到重视，而且对于日本枢纽机场情况的担心也在政策中反映出来。枢纽机场建设相关政策的强化，被视为对日本企业开展SCM提供支持的讯号。

另外，在2005年大纲之前发布的“今后国际物流政策的课题”中，关于“提高国际枢纽港口和机场的建设、管理运营的效率”，不仅是“重点建设超级枢纽港”，而且要根据“基于国际枢纽港口的地位发展为本国发货和收货”的情况，提出“充分发挥日本主要港口和亚洲主要港口的作用，实现最佳物流”以及“建设九州北部，日本海一侧的东亚SCM门户港口”。

综上所述，20世纪90年代后半期开始的全球化中，日本政府为了确保国际竞争力，基于“以低成本实现高效物流服务”这一基本观点，推出了和东亚各国的物流系统进行竞争的物流政策。但是，另一方面，根据东亚地区枢纽港的竞争趋势所反映的日本物流系统的情况，以及深化和发展东亚经济圈的要求，正在寻找更广阔的策略。

三、东亚经济圈的特点

目前的东亚经济圈中，“东亚地区是世界最大规模的生产圈和市场圈，提高了整合力度，取得了最快的发展”。这里的“东亚地区”不仅包括东盟、日本、韩国、中国，而且还包括印度、澳大利亚、新西兰在内的广阔地区。东亚经济圈的特点可以归纳为5点。

第一，其发展速度持续超过了其他地区。东亚的实际GDP增幅（包括中国台湾和中国香港，日本除外）在2004年为8.3%，2005年为8.5%，2006年为8.8%。进入21世纪之后，仍然超过了世界平均增幅（世界平均增幅在2004年为5.3%，2005年为4.9%，2006年为5.4%；而欧盟地区的实际GDP增幅在2004年为2.0%，2005年为1.4%，2006年为2.6%；美国的实际GDP增幅在2004年为3.9%，2005年为3.2%，2006年为3.3%）。另外，世界的名义GDP中东亚、中国台湾、中国香港的占比从1980年的17.8%增长为2006年的23.4%，该时期的新兴工业化经济体（NIES）从1.2%增长为3.3%。中国从2.6%增长到5.5%。近年来，印度和东盟四国也提高了这一比例。

第二，东亚经济圈的贸易关系和投资关系相互依存。如表6－1所示，东亚经济圈中，许多国家和地区的贸易结合度（两国间贸易紧密度的指数，值越高，则贸易关系越密切）超过

了1，是比较高的数值。

表6－1　东亚的贸易结合度（2000～2005年）（出口）

2000年		对象国/地区						
		日本	中国	韩国	印度	澳大利亚	新西兰	东盟
基准国/地区	日本	—	**1.91**	**2.82**	0.74	**1.75**	**1.34**	**2.49**
	中国	**3.14**	—	**1.99**	0.89	**1.34**	0.84	**1.21**
	韩国	**2.23**	**3.23**	—	**1.09**	**1.47**	0.84	**2.03**
	印度	0.78	0.54	0.47	—	0.93	0.75	**1.12**
	澳大利亚	**3.72**	**1.71**	**3.28**	**2.35**	—	**29.64**	**2.38**
	新西兰	**2.57**	0.89	**1.92**	0.79	**19.62**	—	**1.47**
	东盟	**2.53**	**1.16**	**1.61**	**2.26**	**2.40**	**1.26**	—
2005年		对象国/地区						
		日本	中国	韩国	印度	澳大利亚	新西兰	东盟
基准国/地区	日本	—	2.30	3.35	**0.63**	1.94	1.81	**2.46**
	中国	**2.45**	—	**1.97**	1.25	**1.34**	**0.78**	1.40
	韩国	**1.87**	3.73	—	1.72	**1.24**	1.04	**1.85**
	印度	0.64	1.52	0.82	—	0.85	0.42	1.52
	澳大利亚	4.05	1.97	**3.35**	5.34	—	**28.57**	**2.22**
	新西兰	**2.29**	0.93	**1.56**	0.64	**17.19**	—	1.28
	东盟	2.50	1.61	1.70	2.36	3.15	1.83	—

注：1. 贸易结合度（出口）$= \frac{(\text{B国出口到A国的数额/B国的总出口额})}{(\text{全世界出口到A国的数额/世界的总出口额})}$。

2. 贸易结合度为1以上的，以粗体字显示。

3. 5年内贸易结合度上涨的，以阴影显示。

资料来源：经济产业省，《通商白皮书2007》

2000 年之后的 5 年内，很多国家和地区的结合度得到深化。

东亚的地区贸易比例，1980 年为 35.7%，到 2005 年为 55.8%，上涨了 20.1%，超过了该时期欧盟的增幅（13.7%）以及北美自由贸易协定的增幅（9.8%）。东亚的地区贸易比例在 2000 年之后基本上涨，和达到顶点或开始减少的欧盟和北美自由贸易协定的地区内贸易比例形成了对比。东亚的地区贸易比例超过了欧洲关税同盟创立时的比例，目前超过了北美自由贸易协定，比得上欧盟。

第三，由于中间产品贸易的发展，东亚经济圈的相互依存性得到了加强。东亚贸易结合度的深化和区域贸易比例的上涨趋势，反映了东亚生产圈工序分工的进展，以及区域内产业有机联系的加强。

如表 6－2 所示，和其他地区比较，东亚区域内贸易的中间产品的比例在 20 世纪 80 年代之后没有明显的上涨。2005 年占 60.1%，成品为 1.9 倍，超过了欧盟 25 国的 49.8%、1.1 倍，也超过了北美自由贸易协定的 48.2%、1.3 倍。在中间产品贸易的发展过程中，主要材料由日本和新兴工业化经济体供应，而装配主要由中国和东盟负责，出口到日本和美国这样的最终市场，也就形成了三角贸易结构的基础。近年来，通用的材料形成了包括中国和东盟在内相互供应的更多中间产品相互供应机制。

第四，不仅是生产圈内相互依存正在深化，消费市场的相互

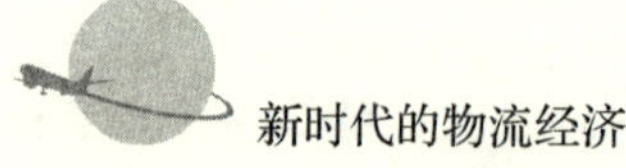

表 6-2 东亚、欧盟 25 国、北美自由贸易协定的地区贸易明细

	东亚		欧盟 25 国		北美自由贸易协定	
	1980 年	2005 年	1980 年	2005 年	1980 年	2005 年
最终产品	25.7%	31.8%	42.0%	45.2%	33.7%	38.3%
中间产品	42.9%	60.1%	50.1%	49.8%	46.9%	48.2%
材料	31.4%	7.6%	8.1%	5.0%	20.4%	13.4%
中间产品/最终产品	1.7	1.9	1.2	1.1	1.4	1.3

注：东亚包括了中国台湾和中国香港，但不包括越南和缅甸。
资料来源：独立行政法人经济产业研究所

互依存性也开始深化。以取消以东盟为中心的贸易壁垒为契机，区域内市场的共通化和统一化得到推进，进一步整合了供应功能的集约化和分担关系的进展，区域内销售功能的统一基地也随之出现了。

近年来生产、供应功能的集约化在东盟区域内的重组和越南从其他地区进行的集约化成为一大特征（见表 6-3）。现在的东亚地区里日本企业生产基地的集约化，并不是生产基地从日本进行了移交。20 世纪 90 年代，由于产业空洞化现象和“表面与实质的关系”，生产基地的重组进入了另一个阶段。

表 6-3 日本企业生产功能集约化的例子

行业	生产功能集约化的内容
汽车厂商 A 公司	泰国、印尼在东盟地区内的轿车供应基地化
汽车厂商 B 公司、C 公司	皮卡车的生产基地集中在泰国
电机厂商 D 公司	菲律宾停止生产电视，改为从生产集约的马来西亚进口
	2005 年，马来西亚停止生产冰箱、洗衣机，改为从生产集约的泰国进口
电机厂商 E 公司	2004 年，印度停止生产电视，改为从生产集约的泰国进口
电机厂商 F 公司	2002 年，马来西亚停止生产冰箱，改为从生产集约的泰国进口
电机厂商 G 公司	新加坡、马来西亚停止生产电视，改为从生产集约的印尼进口
电机厂商 H 公司	马来西亚、印尼停止生产汽车音响，改为从生产集约的泰国进口
	泰国停止生产 DVD 播放机，改为从生产集约的马来西亚进口
化学厂商 I 公司	2002 年，马来西亚停止生产洗脸用品，改为从东盟区域的供应基地的印尼、泰国进口

资料来源：各种报道发表资料和 JETRO（日本贸易振兴机构）马田、大木《新兴国家的 FTA（自由贸易协定）和日本企业》，从 2005 年开始，由经济产业省作成

另外，东亚地区消费市场的发展，带来了跨越国界的市场共通化，实现了市场营销和广告宣传战略的广泛开展。结果如图6-1所示，日本企业的新加坡法人不仅在新加坡，而且在东盟、印度、中国甚至是澳大利亚等广阔地区内开展业务。

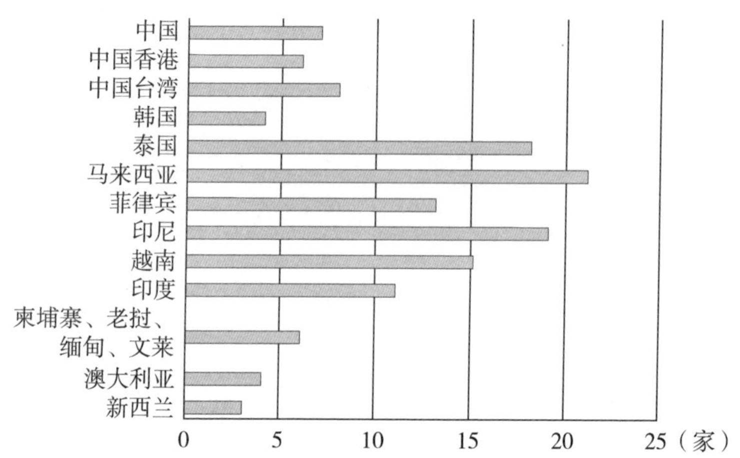

图6-1　新加坡当地法人（日本企业）的主要涵盖地区

注：具有日本企业涵盖功能的新加坡当地法人涵盖的地区。有效问卷数 n = 28 家。

资料来源：经济产业省，《通商白皮书2007》，第123页

第五，东亚经济圈的发展和相互依存性的深化，是由以自由贸易协定和经济合作协议强化经济合作和东亚经济整合为目的的通商政策战略推动的。图6-2显示了迄今为止在东亚经济整合化政策中发挥核心作用的东盟的动向。以东亚经济整合为目标的政策选择，必定是在很大程度上影响将来东亚和日本物

流系统趋势的因素。从物流政策的观点来看，超越国界的区域级政策推动力的强化，可以反映出近年来东亚经济圈发展的最大特征。

综上所述，东亚经济圈的扩大和深化（相互依存性的强化）在近年来得到了快速推进。东亚经济圈虽然依存于欧美的海外市场，但它不仅具有世界工厂的作用，而且作为生产圈和消费圈，得到了紧密的相互依存性的支持，为形成单独的经济圈蓄积力量。

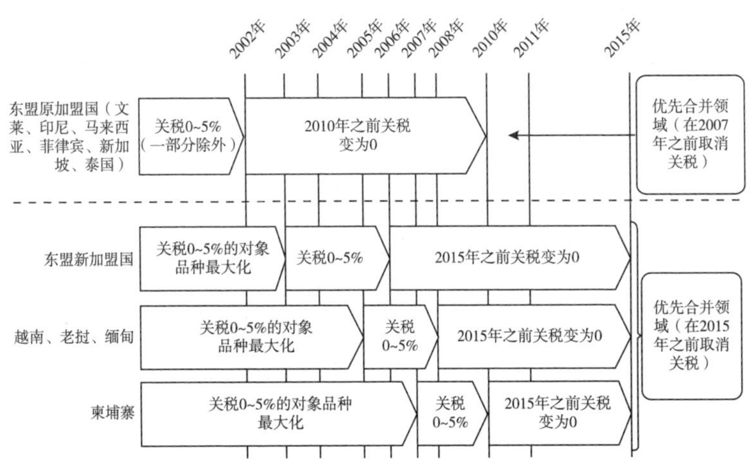

图 6－2　东亚经济整合化政策中东盟的动向

注：优先整合的领域：汽车、电子、IT、航空、木材产业、农业产业、渔业、旅游、橡胶产业、纤维、服装、健康商品（共 11 个领域）。2007 年，新增加了第 12 个领域“物流”。

资料来源：经济产业省

其结果是，要求支撑东亚经济圈发展的物流功能更加发达，在各国合作或国家级的竞争环境中，快速推进东亚物流基础设施的建设（见表6－4）。日本的物流政策也在不断加深对东亚经济圈正在推进的“准国内化”的认识。日本和东亚其他各国间不仅仅是竞争关系，在东亚经济圈的扩大和深化过程中，日本经济的发展也有赖于东亚经济圈的共同发展，因此，这一情况促使日本不得不更加关注东亚和日本的物流系统实现无缝对接和一体化以及东亚物流系统整体水平的提高。东亚物流系统近年来的动向，在下一节中进行讨论。

表6－4　东亚主要物流基础设施建设的现状和计划

	基础设施	所在地	概况
公路	南友高速公路建设	中国	南宁—友谊关间，179.2公里，2005年开通
	金边—胡志明市	柬埔寨、越南	第二东西走廊的一部分。根据亚洲开发银行，1998年11月由柬埔寨、越南合计融资140万美元
	柬埔寨道路改善	柬埔寨	通过亚洲开发银行，在2002年11月融资5 000万美元。2007年3月时正在建设
	第二湄公河国际桥（第二友好桥）建设	老挝、泰国	连接东西走廊物流的要道。日本提供日元借款。2006年开通
	元江—磨黑间高速公路建设	中国	147公里。根据亚洲开发银行，1999年7月融资25 000万美元。2003年12月开通

续表

	基础设施	所在地	概况
公路	大理—楚雄间高速公路建设	中国	200 公里。根据亚洲开发银行，1994 年 9 月融资 15 亿美元。已经开通
	云南省西部公路开发	中国	根据亚洲开发银行，2003 年 10 月融资25 000万美元。2007 年 3 月正在建设
	亚洲高速公路构想	日本、新加坡、马来西亚、泰国、柬埔寨、越南、中国等	由联合国亚太经济与社会委员会（UNESCAP）推进。亚洲—欧洲间的公路网形成计划。涉及 32 个国家。日本也在 2003 年 11 月加入。总距离是 141 000 公里
铁路	丽江—大理间铁路建设	中国	全长 167 公里
	亚洲纵贯铁路建设	新加坡、马来西亚、泰国、柬埔寨、越南、中国等	由 UNESCAP 推进。连接亚洲和欧洲之间，全长 80 900 公里
	青藏铁路建设	中国	连接青海省、西宁市和西藏自治区拉萨市。2006 年 7 月开始运行。将来会增设支线。其中一条预计将延长到印度国境的亚东

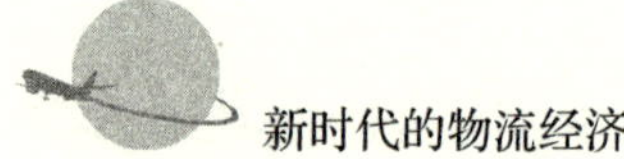

续表

	基础设施	所在地	概况
港口	上海洋山深水港建设	中国	第3期是30个泊位，集装箱吞吐量扩大到1 500万TEU①以上，预计在2012年完成。2020年所有工程完成后，合计是53个泊位，吞吐量扩大到2 500万TEU
	广州南沙港建设	中国	2004年9月，开始供应4个泊位。已经开始的第二期工程，计划有10个泊位，预定2007年9月完成
	施威—盖梅国际港开发	越南	盖梅港的集装箱货运泊位枢纽，施威港的普通货物货运泊位枢纽建设。日本提供日元贷款。预定2011年完成
	西哈努克港紧急复原事业	柬埔寨	集装箱码头的延长。关于集装箱码头的延长，预定在2007年11月完成。日本提供日元贷款
	Pashiru班让集装箱枢纽扩建	新加坡	计划新增15个泊位
	广东（湛江港）—海防港集装箱路线	中国、越南	每周运行一个班次。集装箱船可以装载360个标准集装箱。2007年3月开始航行

① TEU是twentyfoot equivalent unit的缩写，意思是标准箱，是集装箱运量统计单位，以长20英尺的集装箱为标准。——编者注

续表

	基础设施	所在地	概况
港口	丹戎不碌港紧急复原事业	印尼	航路，泊地的水底沙土去除。预定 2011 年结束。日本供应日元贷款
	钦奈港建设	印度	第二集装箱码头建设
	拉廊港扩建	泰国	扩建为可以停泊 12 000 吨以上的货船
机场	北京首都国际机场建设	中国	增设 3 800 米跑道 1 条
	上海浦东国际机场建设	中国	增设 3 条跑道
	广州白云机场建设	中国	增设 3 800 米跑道 2 条，3 600 米跑道 1 条
	素万那普国际机场建设	泰国	日本提供日元贷款，2006 年 9 月开港。预定将现在的 2 条跑道扩建为 4 条
	樟宜机场建设	新加坡	建设第二枢纽站点，这样追加旅客吞吐能力 2 000 万人。另外，计划建设第三条跑道
	中国西部地区的机场建设	中国	预定 2010 年前建设 37 个新的机场

资料来源：经济产业省，《通商白皮书 2007》

四、东亚物流系统的动向

东亚物流近年的发展一方面推动了整个世界物流的数量增长，同时在东亚经济圈相互依存性的深化过程中，全球化物流和全球化供应链管理系统得到了大规模发展。

也就是说，东亚经济圈的现代发展是通过物流数量的增长和物流系统升级这两个过程实现的。从这一点上来看，由于国内物流量减少，所以东亚各国对环境因素施以严格的社会制约，它们同样面对着和欧盟主要各国物流系统同时代的问题——“构建更有效、灵活、快速的物流系统”，只不过处于不同的阶段而已。

预计这种东亚物流系统的特点仍然会持续。例如，关于推动世界物流数量增长的东亚物流的地位，其中一项有关航空货物的预测显示，2005 年后，20 年内增长率最高的主要市场是中国的国内市场（10.8%），其次是亚洲间的市场（8.6%），亚洲/北美的市场（7.1%），欧洲/亚洲市场（6.9%），亚洲相关市场都超过了平均年增长率的预测值（6.1%）。另外，预计增长率最低的市场是航空货物市场发展程度最高的北美市场（3.8%），预计欧洲市场的增长率也很低，约为 5.0%。

另外，东亚经济圈的相互依存性在生产圈和消费圈这两方面不断深化，东亚各国围绕“最大程度发挥网络效率”的商业竞争模式得到加强。今后，也会强化支撑全球化供应链管理的物流系统的构建要求。从这一意义上说，东亚国际物流市场的竞争也具有东亚物流系统的单独性，具有和现代物流系统共同网络竞争的能力。

网络间竞争并不只是硬件方面（物流基础设施）网络化，也是正式引入信息技术所引起的跨行业、多个网络联网及其构建能力的竞争。也就是说，网络间竞争不仅是交通运输基础设施水平的竞争，而且还包括通过通关和金融、市场营销与信息服务等不同网络的结合以提供差别化服务在内的竞争。

东亚物流系统的现代性特点是随着数量增长阶段和网络间竞争阶段这两者的联系而凸显的。以下四点表明了东亚物流近年来的明显动向：

第一，显著的变化是航空货物的运输与发展和航空网络的形成。

在东亚地区，1998 年中国香港的赤腊角机场、马来西亚的吉隆坡机场、1999 年中国台湾的台北（中正）机场（第二期），中国上海（浦东）机场、2001 年韩国首尔（仁川）机场、2004 年中国广州（新白云）机场、2006 年泰国新曼谷（素万那普）机场等，包括计划扩建在内的，具有 4 000 米级跑道的国际枢纽机场陆续建成。另外，建设地区枢纽机场和形成航空网络的相关竞争也不断加剧。

以中国为例，中国正着力建设道路网（“五纵七横”等）和铁路网（“八纵八横”等），2000 年之后加速推进了物流基础设施的建设。除了建设北京首都机场、上海浦东机场、广州白云国际机场这三大国际枢纽机场之外，2010 年之前，中国重点在西部地区建设了 37 个新机场。以航空网络和内陆交通相结合为目标的西部地区机场方案得以实施。随着东亚经济圈的扩展和深化，不仅是国际枢纽机场间的竞争在加剧，关于形成灵活、高效的航空网络形成的竞争也在不断加剧。

航空运送货物量的增长反映了整个物流系统的发展水平。东亚地区航空网络需求的增长，显示了该地区供应链管理系统的正式推广。图 6－3 显示了 DHL 公司对今后中国物流市场增长的预测。以物流服务、国内外快递、国际航空运输市场为目标的战略，显示了对正式开展供应链管理系统的期待和预测。

第二，物流基础设施的失衡和不足。到目前为止，从新加坡港和樟宜机场可以看出，东亚物流基础设施的发展使得很多情况受到关注。但另一方面，随着物流量的增加，基础设施失衡和不足的问题也日趋严重。

东亚物流基础设施的失衡和不足，首先表现在物流成本方面。图 6－4 比较了主要地区海外当地法人管理费中物流费用所占的比例。东亚的物流费用比例大约是欧盟和北美地区的 2 倍（物流服务本身的价格因运输方式和运输距离等各项条件的差别而不同，不能一概而论。关于物流服务价格的比较，请参照 2007 年 4 月日本物流团体联合会的《物流服务相关的内外价格差调查》）。

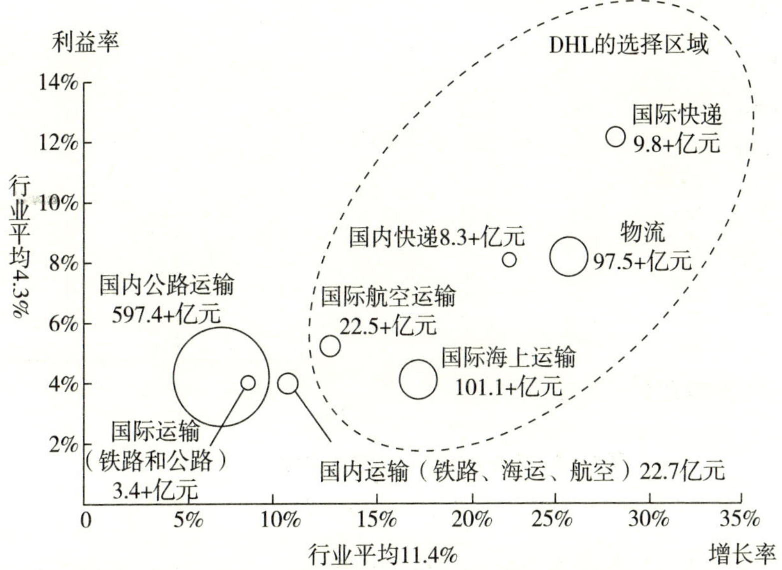

图 6－3　DHL 公司对于中国物流市场的预测

资料来源：《物流商务》，2006 年 9 月，第 23 页

另外，物流基础设施的失衡和不足是妨碍东亚供应链管理系统开展的风险要素。亚洲开发银行、国际合作银行和世界银行对东亚基础设施进行了调查研究。

研究结果显示“良好的物流对推动东亚地区的经济发展发挥了重要作用”，并指出“物流效率低下、不完善的运输设施、未开发的物流运输服务，以及烦琐的（特别是包括贪污）进出口手续，是物流费用上涨的原因”。

实际上，有很多企业指出，基础设施的不完善是各国的商业风险所在。例如，日本贸易振兴机构的调查显示，接受调查

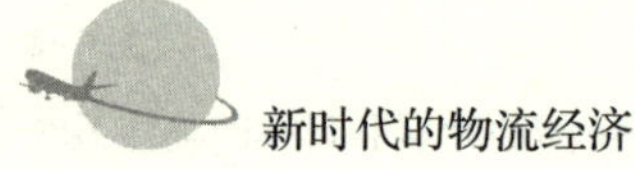

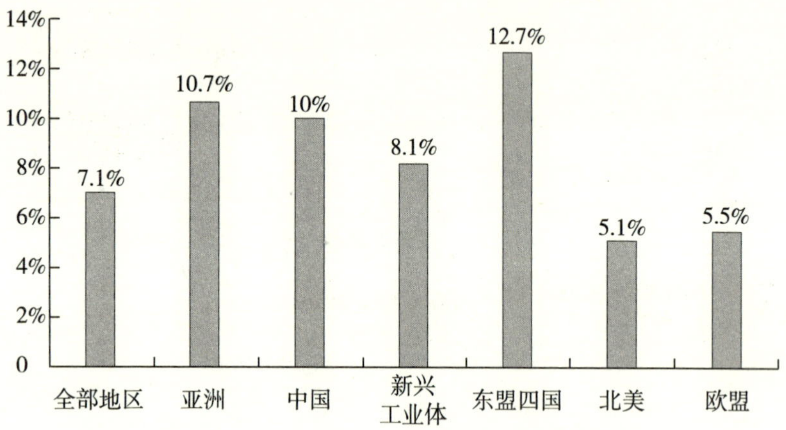

图 6－4　海外当地法人管理费中物流费用比例

资料来源：经济产业省，《第 35 次海外事业活动基本调查》，2007 年

的 47.9% 的越南企业和 57.2% 的印度企业指出，基础设施不完善是该国最大的商业风险。其他国家的许多企业也把基础设施不完善列入商业风险中（见表 6－5）。另外，有关基础设施不完善的其他调查中显示，越南的道路基础设施不完善占问卷调查企业的 64.5%，和电力基础设施不完善（64.5%）并列第一位，通信、港口基础设施不完善的占比都是 29%。另外，认为印度道路基础设施不完善的比例为 79.5%，占第 1 位，铁路基础设施不完善是 26.5% 的企业要面临的问题。

物流基础设施的发展和物流基础设施的不足之间的关系，可以说是“同一块奖牌的正面和背面”的关系。之前指出的东亚物流系统的特点“数量增长和支撑 SCM 发展这两个方面的联系过程”中存在脆弱性。

表6-5 各国的商业风险

单位：%

商业风险因素	中国	泰国	印度尼西亚	马来西亚	菲律宾	新加坡	越南	印度
	(n=596)	(n=353)	(n=238)	(n=245)	(n=177)	(n=244)	(n=236)	(n=201)
基础设施不完善	21.6	7.4	29.8	7.8	32.2	0.0	47.9	57.2
政治、社会不稳定	41.3	28.3	50.4	3.3	52.5	0.8	9.7	15.4
法律制度不完善，应用上有问题	59.9	5.9	28.2	6.5	13.0	0.0	32.2	35.3
知识产权保护有问题	59.2	6.2	9.2	4.1	9.0	1.6	11.9	13.9
税务上有风险和问题	33.2	7.6	15.5	6.5	7.3	2.0	10.2	17.9
高外汇风险	20.5	9.1	23.5	5.3	7.9	3.3	8.5	6.5
人工费上涨	28.4	20.4	5.5	13.9	4.0	39.3	5.1	3.5
相关产业没有累积和发展	4.7	6.2	15.1	12.7	20.9	3.7	31.4	18.4

注：1. 总体参数（n）是目前和商业相关的、或是研究新业务的企业数量。

2. 回答率超过20%的，以阴影表示。

资料来源：经济产业省，《通商白皮书2007》

第三，东亚地区物流基础设施和物流网络的构建，是国家和全球化城市地区间竞争的经济因素和方式，被赋予了现代的意义和重要性。东亚经济圈的发展与全球化城市地区的形成和网络型发展密切相关。

全球化城市地区的形成由包括物流系统在内的各种网络组成，其特点很明显。特别是东亚经济圈中，地区经济圈在发展过程中，服务链接功能的重要性提高了。服务链接是指“跨国企业的总公司本部和地区具有将本部的指令翻译为当地水平，并实现战术化，具有外部分散的生产基地的功能”，是“地理上分散布局的生产地区之间连接的运输通信服务功能和各生产地区之间的交流和调整功能”。

服务链接网络上产生信息流和物流，或资金流和人流的流程是跨国界城市地区的形成要素，是城市地区间重要的竞争要素和方式。城市地区的形成及其竞争关系，要求构建发达的物流网络和物流系统。从这一意义上来说，东亚的网络型全球化城市地区的形成，是物流发达和网络型物流系统发展的典型性地区现象之一。

第四，预测到日本的“地方区块”和东亚，特别是和中国各地区之间将会发生不同于以往的、新型的直接交流的扩大（日本国土交通省的“地方区块”是指除了三大城市圈之外，北海道、东北地区、北陆地区、中部地区、四国地区、九州地区和冲绳县）。这种趋势通过各地方区块与东亚地区贸易关系的增长显现端倪。纵观东亚地区和各国出口到日本各地方区块的出口额变化，中部地区、四国地区、九州地区1990年低于全国平均值，但2003年超过了全国平均值。

确实，扩大东亚地区与日本各地方区块之间直接交流仅仅是政策导向，还是今后将持续发展的趋势，这个问题还需要慎重观察。并且，如果这种趋势继续扩大的话，更要对这一变化进行深层次的研究。日本各地方区块和东亚地区间直接交流的扩大，仅仅是日本国际枢纽地位的相对下降？还是可以看作是日本的物流系统深化了和东亚经济圈之间的相互依存关系，同时被整合到全球化城市地区中的新型物流系统诞生的端倪？这一点是和日本物流政策今后的选择紧密相关的。要冷静地观察，站在全局的角度进行分析。

五、结论：日本的物流系统

根据东亚物流系统的特点和趋势，日本物流系统所面对的基本问题应当得到改善。

在东亚经济圈的扩展和深化过程中，日本物流系统可以说是在东亚物流系统的双向式发展过程中占据着要点位置。从日本国内来看，日本的物流系统已经非常发达，是物流量不再增加的成熟型社会物流系统。而在东亚经济圈的一体化过程中，物流量还在扩大发展阶段，并且正在逐步实现一体化（东亚国际物流的准国内化）。包括日本在内的整个东亚经济圈，是现代物流系统发达的边界。从这种观点来看，如前文所指出的，如何预测交通和物流基础设施今后的发展形态是一个需要面临的问题。

东亚国际枢纽间的竞争今后也将持续。在追求规模和范围的经济效率的延长线上开展“轮毂、轮辐和运输材料的大型化组合”（以前的“发展和竞争的关系”）将持续。但是，支撑现代物流的物流系统要求进一步发展和现代化物流网络，要求实现“更灵活、更紧密的新型网络发展”。

要求实现更灵活、更紧密的新型网络物流系统的发展，并不意味着以轮毂和轮辐为代表的具有较大规模和较高效率的原系统消失了。轮毂和轮辐代表的原系统也是网络的一种类型，它将作为灵活变化的新型网络物流系统的基础设施，今后也会存在。在探讨传统系统以怎样的形态投入新的系统中时，日本的物流系统在东亚经济圈的物流系统中占据怎样的位置也是值得探讨的问题。

众所周知，2005 年，世界主要港口中前 6 个港口全部都是日本以外的东亚港口（第 1 名是新加坡港，接下来是香港港、上海港、深圳港、釜山港、高雄港，第 7 名是鹿特丹港）。日本的东京港仅排在第 22 位，横滨港是第 27 名。

另外，在 2006 年世界主要机场货物吞吐量的排名中，成田机场是第 5 名。第 1 名是孟菲斯机场，第 2 名是亚洲的国际枢纽机场——“香港国际机场”，2001 年开港的韩国仁川机场也超过了成田机场，位列第四。此外，2006 年 9 月刚开港的泰国苏凡纳布国际机场也已经排名第四，也许不久将超过日本的枢纽机场。

今后如何重组和建设日本的国际枢纽港口和机场，也是日本物流系统需要直面的重要问题。国际枢纽港口的发展中，曾经是亚洲枢纽港的日本港口的衰落，导致了对日本主要国际机场未来发展的担心，囿于这种决不能再重蹈覆辙的短视的竞争意识，导致了对政策选择幅度的过多制约，因此也不会制定出什么明智的政策。因为日本的枢纽整合、重组和建设水平的选择，和今后日本的产业结构甚至是今后目标的政策选择密切相关。

另外，从中长期的政策角度出发，日本在不断扩大和东亚各国之间的直接交流中，需要加强对新型网络物流系统的认识。有很多案例显示出新型网络物流系统的可能性。例如，近年来九州北部地区的“上海快递”等国际 RORO 船业务的发展支撑了各种商业模式和亚洲之间直流型物流网络的发展。

例如，在天津、青岛、珠海、菲律宾、马来西亚具有海外工厂的九州 M 公司，从九州总公司的工厂（饭冢市）向海外工厂出口了高附加值的电子部件（开关等）。大约 70% 的高附加值电子部件通过航空运输，剩下的 30% 由工厂用卡车运输到各港口之后，由博多港运输到天津新港，由北九州港运输到马尼拉港和珠海港（经过香港港），由下关港运输到青岛港，完成装卸和通关后，用卡车运到当地工厂（见图 6－5）。用航空运输抵达当地工厂的时间是 3～4 天，海运则需要 6～14 天。海运途径中，下关港到青岛港用“东方渡船”运输，和使用国际集装箱船时进行比较，时间缩短了 3～4 天，一共只需要 6 天。

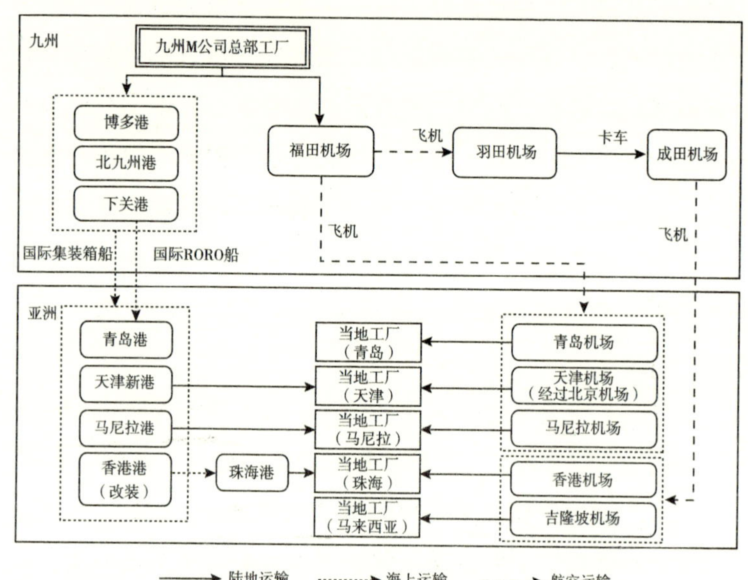

图 6－5　九州 M 公司的运输途径

资料来源：财团法人九州地区产业发展中心“九州的国际物流基地化的调查研究”，2007 年 3 月

使用国际 RORO 船和国际轮渡，大幅缩短了装卸时间，从而缩短了运输时间，确保准确的到达时间，通过距离和路线实现航空运输的替代功能，和航空货物相比，海运货物在成本方面具有竞争优势。RORO 船和国际渡轮还可用于运输半导体等电子机器，或名牌农产品和家电等各种产品。这种运输途径和航空运输、国际集装箱船不同，今后其需求会增多。

近年来九州北部地区的主要汽车厂商开始布局，给物流系统带来了影响。例如，在将国内生产基地分散到九州北部地区的过程中，丰田汽车于2006年将向中国出口成品车的基地从名古屋港搬到博多港。亚洲对于汽车部件的采购需求迅速扩大，2006年九州的汽车部件进口额和上一年相比，增加了22%。特别是来自中国的进口额增加了63.2%，比全国平均水平上涨了10个百分点。

地方和东亚经济圈紧密联系的案例并不局限于九州北部地区。2007年，丰田汽车开始在俄罗斯进行生产，不仅投入了九州—中国的路线，而且投入到经西伯利亚铁路，一直连到圣彼得堡为止的东北—北海道—俄罗斯的路线的开发。这些事例显示了在亚洲经济圈中，日本开始形成了新型的生产和消费物流网络。关于今后的发展，需要从更宏观的角度进行观察。

根据东亚物流近年来的发展趋势，本章研究了日本物流系统现代化的发展方向。随着信息、通信和技术渗透到社会经济系统中，各种级别的社会结构和组织形态开始转换为网络型。在物流领域中，这一趋势变化也日益明显。这里所说的网络是指受到电子技术支持的现代网络。

所以，现代物流系统变化的方向，要求以网络系统为着眼点。同时，这一过程也是摸索环保型物流系统的开始。为了保留这种可能性，需要进行冷静地分析，努力构思和制定出具有平衡性的日本新物流政策。

附　录

国际竞争中的港口政策

——“超极枢纽港”的相关内容

03-04-06 82 PARIS
IMMIGRATION OFFICER
Customs - Douanes

"阪神大地震后，神户港的货物减少了，且至今没有复原"的呼声由来已久。"由于要求港口成本很低，所以建设亚洲各个港口的要求没有办法实现"，"如果无法实现 365 天 24 小时开港，就会落后"，"可以容纳装载 6 000 ~ 8 000 个集装箱的船舶的港口建设推迟了"，各种意见交汇在一起。政府为了使日本的代表性港口重新取得领先地位，开始推动"超级枢纽港"的建设。"超级枢纽港"真的是日本港口恢复领先地位的"特效药"吗？

接下来，我们简单分析目前的港口形势，并阐述"超级枢纽港"的本质和存在的问题。

一、港口政策的转换

1996 年开始的第 9 个"5 年计划"（之后延长 2 年）中，除了东京湾、伊势湾、大阪湾和九州北部 4 个地区之外，为了促进地方的生产和消费，日本决定在全国 20 个地区建设包括集装箱码头在内的国际流通港口，制定了预算总额为 4.3 兆亿日元的计划。之后，有的港口被确定为集装箱港（苫小牧港、石狩湾新港、那霸港等），而更多的是每年只能处理5 000TEU以下的小港。地方港建设的投资效果很差。

2002年，国土交通省港口局将港口政策转变为以“超级枢纽港”建设为主轴，原因如下：

（1）亚洲各港口的快速增长。

日本的代表性港口神户港和横滨港曾是亚洲的枢纽港口。现在，受到亚洲各港口快速发展的影响，亚洲枢纽港口转移到日本以外的亚洲国家。1995～2000年，中国香港、新加坡、釜山的各个港口的集装箱装卸量逐步上升；2000年之后，上海港的飞速发展亦不能忽略。

（2）日本港口的支线港口化。

枢纽港口转移到亚洲各港后，从日本到欧洲、地中海地区的进出口货物开始经由中国香港、韩国（釜山港）、新加坡的各个港口进行转运。北美航路的直送率比较高，之前经日本转运的亚洲各国的货物许多变为直航到北美。

（3）船舶的大型化。

集装箱船的大型化需要大型水深港口。从几年前开始，在日本停泊的大型船舶数量明显减少。在日本，是否需要根据港口布局和货物流动情况建设大型集装箱船的泊位，成为未知数。

被亚洲各个港口追赶的原因，从根本上讲是因为日本经济的萧条，特别是生产基地搬到国外后引起了物流发展的停滞。另外，经济长时间的不景气表现为进口货物的减少。港口无法从这种经济低迷中摆脱厄运。需要明确采取怎样的措施放缓这种负增长的趋势。

和亚洲各国竞争落败的原因是日本港口的成本问题。集装箱运输通过机器装卸，消除了港口服务的差别化。现在，港口服务的中心受货物通过港口的总时间和成本支配。和亚洲各国相比，日本的劳动力成本处于竞争不利的位置。在港口服务质量方面，信息化水平亦成为一大问题。不仅港口，包括海陆、码头在内的整个物流相关的时间、服务水平也需要引起重视。

作为国际物流中心的亚洲，要求建设能应对大量货物运输的大型船舶和大水深泊位。众所周知，满足这一条件的地区是土地资源丰富的中国沿海地区。目前，中国大型港口的建设正在快速推进。

日本为选择超级枢纽港，按以下顺序推动了具体方式。国土交通省将超级枢纽港定位为“国际海上集装箱运输模范港”，并进行了公开招股。公开招股时，各港口提交了招股计划书，由“超级枢纽港选定委员会”进行评价和选定。

招股章程中的主要要求如下：

- 港口成本降低30%（包括陆路运输）。
- 开发周期由目前的3～4天减少为1天。
- 实现一站式服务。

东京港、横滨港、名古屋港、神户大阪港、北九州港、博多港等港口提交了计划书。神户港和大阪港共同提交的计划书通过了，但最终决定在东京湾、伊势湾、大阪湾、北九州地区分别建设超级枢纽港。

二、超级枢纽港的若干研究事项

已经在建设的“超级枢纽港”，其建设方式还存在许多问题。其中，有的方式是新引入的，需要进行深入研究。

（一）上下分离方式

上下分离是将所有建设主体和运营主体进行分离的方式，其形态有多种。共同的内容如下：

（1）高效经营和良好的服务，以及民营企业发挥创意并灵活构思的经营。

（2）促进建设：多个事业主体的参与可以分散和降低投资风险，促进设施建设。

以港口为例，港域航路、防波堤、码头、堆场的建设由公共部门负责，装卸设施、码头库房、龙门架起重机等的管理由民间企业负责，通过功能来明确责任分工。以前一直进行公共事业公司码头的建设，和其经营的分工方式没有很大差别，但今后建设的公共集装箱码头是新的方式。

如果要提出几个问题的话，就是克服信息系统统一的难题，缩小政府、民间建设的时间差。以前一直未解决的是如何使用“民间”资金的问题。

(二) 民间主动融资 (PFI) 方式的引入

PFI 是 1979 年英国撒切尔政府为改变出现财政赤字的行政系统，以削减公共服务为目的而实行的一种项目融资模式。港口引入 PFI 在新加坡、中国香港等地已有先例。

1999 年，日本以《PFI 推进法》的形式保障它的推广和实施。以前，港口建设和管理的主体是国家、地方自治体、公共团体等公共机构，而集装箱码头的运营主体是民营企业。PFI 是由民间企业承担“包括以前公共部门进行的社会资本建设在内的公共服务”的项目融资模式，其融资方式是多种多样的。

PFI 建设的港口中，包括常陆那珂港和响滩集装箱码头。这些港口是由公共主体和民间主体共同建设的，引入了上下分离方式，首次确定了以 PFI 方式负责资金筹措、建设、管理和运营，发挥了政府和民间的共同作用，分担了风险。

在第二次审查提交的集团中，响滩集装箱码头成为 PFI 事业中具有专有技术和实际业绩最强的 PSA 集团（最开始的出资比例是 PSA60%，国内港运 30%，北九州市 10%，之后 PSA 减少为 30%）的子公司，之后该码头陆续脱离了 PSA 集团（日通和上组等）。港运业者投诉其侵犯了自己的职务范围，同意日本的港运业者另外成立装卸公司。营业时间大幅推迟，预计今后也会有问题。

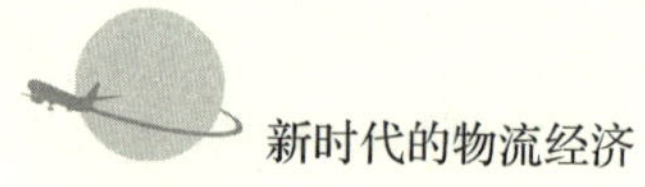

（三）一站式服务

一站式服务是指货主、收货人等港口设施用户只要在其办公室输入1次信息，就可以办理通关、审查、贸易等所有相关手续的系统。该系统的实现得益于港口发达信息系统的可行性。它实现的前提是海关电脑系统和港口EDI（原来的运输省）的统一。上述各系统统一的体制将会尽快实现。

目前，港口服务质量的竞争成为了信息系统水平的竞争，在这种情况下，一站式服务变得更加重要。

（四）港运业的政策调控

1987年国营铁路民营化以后，日本加速推进运输业的政策调控，但港口进展比较慢，《港口运输事业法》修正（2000年）后得以落实。港运事业法修正主要是以下两点：

（1）废除了供需调整调控，执照制改为许可制。

（2）运费和费用的认可制改为申报制。结果，港运业的企业间差距加大，海外企业的参与使得劳动条件恶化，经营恶化引起裁员，根据“枢纽港招股章程”中成本降低30%的条件，劳动者减少和长时间劳动变得日益普遍。

修正《港口运输事业法》时，为防止港运费用过度倾销，日本设立了费用变更命令制度和紧急审计制度。但是，港运费用下跌很快，小型港运业者不得不撤出。

三、“国际枢纽港口政策”的本质

（1）根据“国际枢纽港口——面向全球化时代”的报告称，日本在三大港口和北九州4个地区重点建设国际枢纽港口。整体上，“公共投资审查”成为舆论焦点，港口提出重点投资日本港口恢复地位的四大地区新码头。“超级枢纽港”构想提出时，原本以为数量更少，但结果包括了六大港口。在这一过程中，以前竞争激烈的神户港和大阪港共同提交了计划书，但其计划书是分别制定的，从中可以看到日本对符合“超级枢纽港”条件的港口建设加大了投资力度。

“超级枢纽港”的建设推动了港口的高效化和集中化。目前，已无法回避有闲置泊位的港口再开发。作为固定设备的港口再开发可以说是宿命，但如何进行再开发，和城市再开发的关系如何，是一个新的问题。

（2）报告还指出，世界集装箱运输趋势是“定位为以亚洲为中心的欧洲、北美的‘摆锤服务’的出现，促进超巴拿马型大型集装箱船的建造和使用”。所以，强调了大水深泊位的必要性，但目前根据大型集装箱船停泊在日本主要港口的情况，没有集装箱满载入港，并且有很多集装箱是空的。以亚洲为中心的国际物流路线，分为太平洋航路和西向航路，驶往美国的路线有很多是直达的，而往西的欧洲、地中海地区有很多是转运货物，所以大型集装箱船的停泊条件必然受到限制。

（3）该报告还显示了作为“结构改革”一部分的港口建设的方向。为保证港口成本减少30%，港口全面开放，提高物流效率，需要强调一站式服务等软件方面改革的必要性。这些对劳动者的影响最大，并且不那么容易理解。这些改革中剔除了“受到改革影响的当事人”，即使努力也没有好的成效。

（4）日本的主要港口是在世界的海运网络中留下来的，成为供应者时，转嫁成本负担、浪费运输时间等对国民经济有很大的负面影响。国际枢纽港的目的，是从生产基础和生活物资供应基础这两方面提供低廉、高品质的港口服务，所以生产者和消费者都需要进行直接运输。

日本特殊的地理条件，使得每个地区距离港口只有几个小时的路程，最远的也不过半天就能到达。考虑到这一点，“超级枢纽港”应该构建“数量少、质量高”的港口，应该从地区港口向中心港口转移。

这次选定“超级枢纽港”的过程中，神户港和大阪港共同完成了“招股章程”，无论其过程如何，这是一个新的尝试。相邻的两港，如果可以建设为大阪湾的港口，那将是很好的选择。

四、超级枢纽港的必要性

（一）更名的神户港

2007年12月1日，神户港和大阪港合并，且更名为阪神港。神户港、大阪港的海上保安本部更名为阪神港海上保安本部，港长和阪神港统一。但是更名以来，阪神港的实际业务一直是分别开展的，所以更名让人难以理解。在东京湾，横滨、东京、川崎这 3 个地方的港口合并为京滨港。如今在大阪湾，从南面的堺泉北港到西面的姬路港，包括工业港在内有多个港口相连，其中两个特定重要港口以及其间的尼崎、阪神等港口，一并称为阪神港。

综上所述，正在建设的“超级枢纽港”分别设在东京湾、伊势湾和大阪湾。但是为了符合招股阶段的条件，神户港和大阪港合并后以阪神港的名义参加招股。结果是，京滨港、名古屋港和阪神港都被确定为超极枢纽港。神户港的埠岛 2 期 PC14 – 18 被指定为特定国际集装箱码头（下一世代的高规格集装箱码头），而作为大型码头业者的上组、住友仓库、山九、Nickel end Lions 和三井仓库这 5 家公司成立了神户大型码头株式会社（2004 年 4 月）。截至 2007 年年底，该会社还没有正式运营。日本决定在大阪港设置梦洲地区 C10 – 12，舞洲集装箱码头株式会社（港运公司 14 家）被定为业者，但还没有落实。大阪港是以中国为中心的亚洲贸易主力，所以大型船很少靠岸，人们质疑是否需要水深 15 米以上的大型码头。阪神港确定后，停泊在两港时的费用（吨税、特别吨税）将变为一个港口的费用，但这并不现实。

（二）港口竞争从量的时代进入质的时代

2005 年，亚洲/北美航路是 1 221 万 TEU（东航），中国是

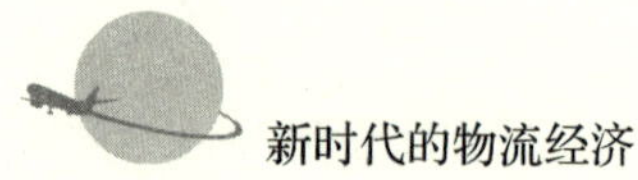

816 万 TEU，而日本只有 87 万 TEU。在亚洲/欧洲航路，日本发船的频率减少了。亚洲/欧洲（西航）航路的 575 万 TEU 中，日本发船为 48 万 TEU。根据亚洲/北美航路中船只的分配情况，每周 76 个班次中，停泊在中国的是 70 个班次，而日本只有 28 个班次。这一数字表明，亚洲集装箱运输的中心是中国。

日本国内运输的高成本，是物流基地转移到亚洲邻国的原因。目前，日本船舶公司在中国建立了许多分部（2006 年约 20 个），作为中国物流的主力，扩大了物流网。这种情况下，虽然正在建设超级枢纽港，但目前日本集装箱物流的总吞吐量几乎固定不变，人们质疑是否需要建设超级枢纽港，使装载 10 000 个 TEU 的大型集装箱船能停靠。

已经投入运行的名古屋港飞鸟码头（伊势湾超级枢纽港）采用了信息管理系统，集装箱搬运全都用电脑控制并实现了系统化。除了信息机器操作，港口劳动基本上都是无人化操作。该码头的业主是大型货主丰田公司，以巨额投资实现了完全自动化。而大小港运业者的集合体中，大型码头的运营相当困难。不能单纯以货物吞吐量比较国内外港口。港口质量成为问题时，信息网络的构建就必不可少了。

（三）修建港口的呼声

存在很多问题的超级枢纽港构想，是通过神户港和大阪港合并为阪神港来实现的，不能忽略其政治意图。实施“平成的大合并”时，港口的一部分（超级枢纽港）进行合并是将来实行道州制的第一步。

虽然说是超级枢纽港，但严格来说是超级枢纽码头。这种码头经营在日本是通过新的大型码头业者进行的，但大阪港实际上是通过以前港运业者的合作来经营的。目前集装箱码头的经营，是和租赁船舶公司的业者以及一般码头管理相同的港口管理者共同实施的，但超级枢纽港中加入了新的码头业者，码头间竞争必然变得激烈。日本国内的港口竞争一直以来都存在，但码头间竞争可能会产生新的问题，给同一个港口带来影响。日本将以超级枢纽港为契机，增加 365 天 24 小时开港的港口，以一站式服务为目标，加强管理。

此外，港口的政策调控使得海上集装箱司机等港口劳动者的劳动条件变得更加恶劣。海上集装箱的陆路运输，以及出口国集装箱的货物装载、捆扎不牢时，都容易发生翻车事故。另外，有的集装箱内装载的货物信息往往不明晰，成为翻车事故增多的原因。

同时，要求“食品安全”的居民，对强化进口食品检查体制的呼声日益强烈。居民对事后通关存有质疑，希望加强港口货物的检查体制。在港口建设方面，需要重视居民的呼声。在居民看来，港口是很远的地方，但在生活方面，居民对港口的需求日益迫切，这是不能忽略的。